구약6

여호수아 | 사사기 | 룻기

Joshua • Judges • Ruth

__________ 의 손글씨

시작한 날 . . .

마친 날 . . .

MISSION TORCH

성경읽기표 | Bible Writing Plan

구약(년 월 일부터 년 월 일까지)

모세모경

창 세 기	1	2	3	4	5	6	7	8	9	10	11	12	13	14	15	16	17	18	19	20	21	22	23	24
	25	26	27	28	29	30	31	32	33	34	35	36	37	38	39	40	41	42	43	44	45	46	47	48
	49	50																						
출 애 굽 기	1	2	3	4	5	6	7	8	9	10	11	12	13	14	15	16	17	18	19	20	21	22	23	24
	25	26	27	28	29	30	31	32	33	34	35	36	37	38	39	40								
레 위 기	1	2	3	4	5	6	7	8	9	10	11	12	13	14	15	16	17	18	19	20	21	22	23	24
	25	26	27																					
민 수 기	1	2	3	4	5	6	7	8	9	10	11	12	13	14	15	16	17	18	19	20	21	22	23	24
	25	26	27	28	29	30	31	32	33	34	35	36												
신 명 기	1	2	3	4	5	6	7	8	9	10	11	12	13	14	15	16	17	18	19	20	21	22	23	24
	25	26	27	28	29	30	31	32	33	34														

역사서

여 호 수 아	1	2	3	4	5	6	7	8	9	10	11	12	13	14	15	16	17	18	19	20	21	22	23	24
사 사 기	1	2	3	4	5	6	7	8	9	10	11	12	13	14	15	16	17	18	19	20	21			
룻 기	1	2	3	4																				
사 무 엘 상	1	2	3	4	5	6	7	8	9	10	11	12	13	14	15	16	17	18	19	20	21	22	23	24
	25	26	27	28	29	30	31																	
사 무 엘 하	1	2	3	4	5	6	7	8	9	10	11	12	13	14	15	16	17	18	19	20	21	22	23	24
열 왕 기 상	1	2	3	4	5	6	7	8	9	10	11	12	13	14	15	16	17	18	19	20	21	22		
열 왕 기 하	1	2	3	4	5	6	7	8	9	10	11	12	13	14	15	16	17	18	19	20	21	22	23	24
	25																							
역 대 상	1	2	3	4	5	6	7	8	9	10	11	12	13	14	15	16	17	18	19	20	21	22	23	24
	25	26	27	28	29																			
역 대 하	1	2	3	4	5	6	7	8	9	10	11	12	13	14	15	16	17	18	19	20	21	22	23	24
	25	26	27	28	29	30	31	32	33	34	35	36												
에 스 라	1	2	3	4	5	6	7	8	9	10														
느 헤 미 야	1	2	3	4	5	6	7	8	9	10	11	12	13											
에 스 더	1	2	3	4	5	6	7	8	9	10														

시가서

욥 기	1	2	3	4	5	6	7	8	9	10	11	12	13	14	15	16	17	18	19	20	21	22	23	24
	25	26	27	28	29	30	31	32	33	34	35	36	37	38	39	40	41	42						
시 편	1	2	3	4	5	6	7	8	9	10	11	12	13	14	15	16	17	18	19	20	21	22	23	24
	25	26	27	28	29	30	31	32	33	34	35	36	37	38	39	40	41	42	43	44	45	46	47	48
	49	50	51	52	53	54	55	56	57	58	59	60	61	62	63	64	65	66	67	68	69	70	71	72
	73	74	75	76	77	78	79	80	81	82	83	84	85	86	87	88	89	90	91	92	93	94	95	96
	97	98	99	100	101	102	103	104	105	106	107	108	109	110	111	112	113	114	115	116	117	118	119	120
	121	122	123	124	125	126	127	128	129	130	131	132	133	134	135	136	137	138	139	140	141	142	143	144
	145	146	147	148	149	150																		
잠 언	1	2	3	4	5	6	7	8	9	10	11	12	13	14	15	16	17	18	19	20	21	22	23	24
	25	26	27	28	29	30	31																	
전 도 서	1	2	3	4	5	6	7	8	9	10	11	12												
아 가	1	2	3	4	5	6	7	8																

선지서

이 사 야	1	2	3	4	5	6	7	8	9	10	11	12	13	14	15	16	17	18	19	20	21	22	23	24
	25	26	27	28	29	30	31	32	33	34	35	36	37	38	39	40	41	42	43	44	45	46	47	48
	49	50	51	52	53	54	55	56	57	58	59	60	61	62	63	64	65	66						

예레미야	1	2	3	4	5	6	7	8	9	10	11	12	13	14	15	16	17	18	19	20	21	22	23	24
	25	26	27	28	29	30	31	32	33	34	35	36	37	38	39	40	41	42	43	44	45	46	47	48
	49	50	51	52																				
예레미야애가	1	2	3	4	5																			
에스겔	1	2	3	4	5	6	7	8	9	10	11	12	13	14	15	16	17	18	19	20	21	22	23	24
	25	26	27	28	29	30	31	32	33	34	35	36	37	38	39	40	41	42	43	44	45	46	47	48
다니엘	1	2	3	4	5	6	7	8	9	10	11	12												
호세아	1	2	3	4	5	6	7	8	9	10	11	12	13	14										
요엘	1	2	3																					
아모스	1	2	3	4	5	6	7	8	9															
오바댜	1																							
요나	1	2	3	4																				
미가	1	2	3	4	5	6	7																	
나훔	1	2	3																					
하박국	1	2	3																					
스바냐	1	2	3																					
학개	1	2																						
스가랴	1	2	3	4	5	6	7	8	9	10	11	12	13	14										
말라기	1	2	3	4																				

신약(　　년　월　일부터　　년　월　일까지)

복음,역사서

마태복음	1	2	3	4	5	6	7	8	9	10	11	12	13	14	15	16	17	18	19	20	21	22	23	24
	25	26	27	28																				
마가복음	1	2	3	4	5	6	7	8	9	10	11	12	13	14	15	16								
누가복음	1	2	3	4	5	6	7	8	9	10	11	12	13	14	15	16	17	18	19	20	21	22	23	24
요한복음	1	2	3	4	5	6	7	8	9	10	11	12	13	14	15	16	17	18	19	20	21			
사도행전	1	2	3	4	5	6	7	8	9	10	11	12	13	14	15	16	17	18	19	20	21	22	23	24
	25	26	27	28																				

서신서

로마서	1	2	3	4	5	6	7	8	9	10	11	12	13	14	15	16								
고린도전서	1	2	3	4	5	6	7	8	9	10	11	12	13	14	15	16								
고린도후서	1	2	3	4	5	6	7	8	9	10	11	12	13											
갈라디아서	1	2	3	4	5	6																		
에베소서	1	2	3	4	5	6																		
빌립보서	1	2	3	4																				
골로새서	1	2	3	4																				
데살로니가전서	1	2	3	4	5																			
데살로니가후서	1	2	3																					
디모데전서	1	2	3	4	5	6																		
디모데후서	1	2	3	4																				
디도서	1	2	3																					
빌레몬서	1																							
히브리서	1	2	3	4	5	6	7	8	9	10	11	12	13											
야고보서	1	2	3	4	5																			
베드로전서	1	2	3	4	5																			
베드로후서	1	2	3																					
요한일서	1	2	3	4	5																			
요한이서	1																							
요한삼서	1																							
유다서	1																							

예언서

요한계시록	1	2	3	4	5	6	7	8	9	10	11	12	13	14	15	16	17	18	19	20	21	22		

▶ 공동체 성경쓰기 운동_ 써바이블

"써(Write) 바이블(Bible)"은 공동체 성경쓰기의 타이틀로, 우리의 생존(Survival)에 성경이 가장 소중하다는 의미를 담고 있으며, 가장 기본인 말씀으로 돌아가기를 시작하자는 손글씨성경쓰기 운동입니다.

손글씨 성경_ 읽고, 쓰고, 마음판에 새기다

기독교는 말씀의 종교라고 합니다. 그것은 하나님께서 주신 '말씀'(성경)으로부터 모든 역사를 이루어 왔기 때문입니다. 따라서 모든 그리스도인들은 하나님께서 주신 말씀을 읽고, 묵상하고, 다시 적용하는 '신앙인의 삶'을 가장 우선순위에 둡니다. 말씀을 읽지 않고 하나님을 예배할 수 없고, 말씀을 묵상하지 않고 하나님의 계획을 알 수 없고, 말씀을 적용하지 않고 성화될 수 없기 때문입니다. 성경을 읽고 마음판에 새기기 위하여 쓰기의 중요성과 필요성은 아무리 강조해도 지나치지 않습니다.

▶ 성경읽기와 쓰기의 중요성과 필요성

① 성경은 하나님의 말씀이며 하나님의 계획을 담고 있기에, 읽고 쓰고 마음판에 새겨야 합니다.

② 성경은 우리를 향한 하나님의 사랑의 표현이기 때문에, 읽고 쓰고 마음판에 새겨야 합니다.

③ 성경은 우리를 구속하기 위한 하나님의 은혜이기 때문에, 읽고 쓰고 마음판에 새겨야 합니다.

④ 성경은 우리를 진리로 인도하기 때문에, 읽고 쓰고 마음판에 새겨야 합니다.

⑤ 성경을 읽고 쓰는 것은 모든 그리스도인들에게 선택이 아닌 필수입니다.

"이 율법책을 네 입에서 떠나지 말게 하며
주야로 그것을 묵상하여 그 안에 기록된 대로 다 지켜 행하라
그리하면 네 길이 평탄하게 될 것이며 네가 형통하리라"
(수 1:8)

손글씨 성경

여호수아 Joshua

여호와께서 여호수아에게 말씀하시다

1 여호와의 종 모세가 죽은 후에 여호와
께서 모세의 수종자 눈의 아들 여호수
아에게 말씀하여 이르시되

2 내 종 모세가 죽었으니 이제 너는 이
모든 백성과 더불어 일어나 이 요단을 건
너 내가 그들 곧 이스라엘 자손에게 주는
그 땅으로 가라

3 내가 모세에게 말한 바와 같이 너희
발바닥으로 밟는 곳은 모두 내가 너희에
게 주었노니

4 곧 광야와 이 레바논에서부터 큰 강 곧
유브라데 강까지 헷 족속의 온 땅과 또 해
지는 쪽 대해까지 너희의 영토가 되리라

5 네 평생에 너를 능히 대적할 자가 없
으리니 내가 모세와 함께 있었던 것 같이
너와 함께 있을 것임이니라 내가 너를 떠
나지 아니하며 버리지 아니하리니

6 강하고 담대하라 너는 내가 그들의 조
상에게 맹세하여 그들에게 주리라 한 땅
을 이 백성에게 차지하게 하리라

7 오직 강하고 극히 담대하여 나의 종
모세가 네게 명령한 그 율법을 다 지켜 행
하고 우로나 좌로나 치우치지 말라 그리
하면 어디로 가든지 형통하리니

8 이 율법책을 네 입에서 떠나지 말게
하며 주야로 그것을 묵상하여 그 안에 기

여호와께서 여호수아에게 말씀하시다

1

2

3

4

5

6

7

8

록된 대로 다 지켜 행하라 그리하면 네 길
이 평탄하게 될 것이며 네가 형통하리라
9 내가 네게 명령한 것이 아니냐 강하고
담대하라 두려워하지 말며 놀라지 말라
네가 어디로 가든지 네 하나님 여호와가
너와 함께 하느니라 하시니라

여호수아가 백성에게 명령을 내리다

10 이에 여호수아가 그 백성의 관리들에
게 명령하여 이르되
11 진중에 두루 다니며 그 백성에게 명령
하여 이르기를 양식을 준비하라 사흘 안
에 너희가 이 요단을 건너 너희의 하나님
여호와께서 너희에게 주사 차지하게 하
시는 땅을 차지하기 위하여 들어갈 것임
이니라 하라
12 여호수아가 또 르우벤 지파와 갓 지파
와 므낫세 반 지파에게 말하여 이르되
13 여호와의 종 모세가 너희에게 명령하
여 이르기를 너희의 하나님 여호와께서
너희에게 안식을 주시며 이 땅을 너희에
게 주시리라 하였나니 너희는 그 말을 기
억하라
14 너희의 처자와 가축은 모세가 너희에
게 준 요단 이쪽 땅에 머무르려니와 너희
모든 용사들은 무장하고 너희의 형제보
다 앞서 건너가서 그들을 돕되
15 여호와께서 너희를 안식하게 하신 것
같이 너희의 형제도 안식하며 그들도 너
희의 하나님 여호와께서 주시는 그 땅을
차지하기까지 하라 그리고 너희는 너희

9

여호수아가 백성에게 명령을 내리다

10

11

12

13

14

15

소유지 곧 여호와의 종 모세가 너희에게
준 요단 이쪽 해 돋는 곳으로 돌아와서 그
것을 차지할지니라

16 그들이 여호수아에게 대답하여 이르
되 당신이 우리에게 명령하신 것은 우리
가 다 행할 것이요 당신이 우리를 보내시
는 곳에는 우리가 가리이다

17 우리는 범사에 모세에게 순종한 것 같
이 당신에게 순종하려니와 오직 당신의 하
나님 여호와께서 모세와 함께 계시던 것
같이 당신과 함께 계시기를 원하나이다

18 누구든지 당신의 명령을 거역하며 당
신의 말씀을 순종하지 아니하는 자는 죽
임을 당하리니 오직 강하고 담대하소서

여호수아가 여리고에 정탐꾼을 보내다

2 눈의 아들 여호수아가 싯딤에서 두
사람을 정탐꾼으로 보내며 이르되 가
서 그 땅과 여리고를 엿보라 하매 그들이
가서 라합이라 하는 기생의 집에 들어가
거기서 유숙하더니

2 어떤 사람이 여리고 왕에게 말하여 이
르되 보소서 이 밤에 이스라엘 자손 중의
몇 사람이 이 땅을 정탐하러 이리로 들어
왔나이다

3 여리고 왕이 라합에게 사람을 보내어
이르되 네게로 와서 네 집에 들어간 그 사
람들을 끌어내라 그들은 이 온 땅을 정탐
하러 왔느니라

4 그 여인이 그 두 사람을 이미 숨긴지
라 이르되 과연 그 사람들이 내게 왔었으

16

17

18

여호수아가 여리고에 정탐꾼을 보내다

2

2

3

4

나 그들이 어디에서 왔는지 나는 알지 못
하였고
5 그 사람들이 어두워 성문을 닫을 때쯤
되어 나갔으니 어디로 갔는지 내가 알지
못하나 급히 따라가라 그리하면 그들을
따라잡으리라 하였으나
6 그가 이미 그들을 이끌고 지붕에 올라
가서 그 지붕에 벌여 놓은 삼대에 숨겼더라
7 그 사람들은 요단 나루터까지 그들을
쫓아갔고 그들을 뒤쫓는 자들이 나가자
곧 성문을 닫았더라
8 또 그들이 눕기 전에 라합이 지붕에
올라가서 그들에게 이르러
9 말하되 여호와께서 이 땅을 너희에게
주신 줄을 내가 아노라 우리가 너희를 심
히 두려워하고 이 땅 주민들이 다 너희 앞
에서 간담이 녹나니
10 이는 너희가 애굽에서 나올 때에 여호
와께서 너희 앞에서 홍해 물을 마르게 하
신 일과 너희가 요단 저쪽에 있는 아모리
사람의 두 왕 시혼과 옥에게 행한 일 곧
그들을 전멸시킨 일을 우리가 들었음이
니라
11 우리가 듣자 곧 마음이 녹았고 너희로
말미암아 사람이 정신을 잃었나니 너희
의 하나님 여호와는 위로는 하늘에서도
아래로는 땅에서도 하나님이시니라
12 그러므로 이제 청하노니 내가 너희를
선대하였은즉 너희도 내 아버지의 집을
선대하도록 여호와로 내게 맹세하고 내

5

6

7

8

9

10

11

12

게 증표를 내라
13 그리고 나의 부모와 나의 남녀 형제와
그들에게 속한 모든 사람을 살려 주어 우
리 목숨을 죽음에서 건져내라
14 그 사람들이 그에게 이르되 네가 우리
의 이 일을 누설하지 아니하면 우리의 목
숨으로 너희를 대신할 것이요 여호와께
서 우리에게 이 땅을 주실 때에는 인자하
고 진실하게 너를 대우하리라
15 라합이 그들을 창문에서 줄로 달아 내
리니 그의 집이 성벽 위에 있으므로 그가
성벽 위에 거주하였음이라
16 라합이 그들에게 이르되 두렵건대 뒤
쫓는 사람들이 너희와 마주칠까 하노니
너희는 산으로 가서 거기서 사흘 동안 숨
어 있다가 뒤쫓는 자들이 돌아간 후에 너
희의 길을 갈지니라
17 그 사람들이 그에게 이르되 네가 우리
에게 서약하게 한 이 맹세에 대하여 우리
가 허물이 없게 하리니
18 우리가 이 땅에 들어올 때에 우리를 달
아 내린 창문에 이 붉은 줄을 매고 네 부모
와 형제와 네 아버지의 가족을 다 네 집에
모으라
19 누구든지 네 집 문을 나가서 거리로 가
면 그의 피가 그의 머리로 돌아갈 것이요
우리는 허물이 없으리라 그러나 누구든지
너와 함께 집에 있는 자에게 손을 대면 그
의 피는 우리의 머리로 돌아오려니와
20 네가 우리의 이 일을 누설하면 네가

13
14
15
16
17
18
19
20

우리에게 서약하게 한 맹세에 대하여 우
리에게 허물이 없으리라 하니
21 라합이 이르되 너희의 말대로 할 것이
라 하고 그들을 보내어 가게 하고 붉은 줄
을 창문에 매니라
22 그들이 가서 산에 이르러 뒤쫓는 자들
이 돌아가기까지 사흘을 거기 머물매 뒤
쫓는 자들이 그들을 길에서 두루 찾다가
찾지 못하니라
23 그 두 사람이 돌이켜 산에서 내려와
강을 건너 눈의 아들 여호수아에게 나아
가서 그들이 겪은 모든 일을 고하고
24 또 여호수아에게 이르되 진실로 여호
와께서 그 온 땅을 우리 손에 주셨으므로
그 땅의 모든 주민이 우리 앞에서 간담이
녹더이다 하더라

이스라엘 백성이 요단을 건너다

3 또 여호수아가 아침에 일찍이 일어나
서 그와 모든 이스라엘 자손들과 더불
어 싯딤에서 떠나 요단에 이르러 건너가
기 전에 거기서 유숙하니라
2 사흘 후에 관리들이 진중으로 두루 다
니며
3 백성에게 명령하여 이르되 너희는 레
위 사람 제사장들이 너희 하나님 여호와
의 언약궤 메는 것을 보거든 너희가 있는
곳을 떠나 그 뒤를 따르라
4 그러나 너희와 그 사이 거리가 이천
규빗쯤 되게 하고 그것에 가까이 하지는
말라 그리하면 너희가 행할 길을 알리니

21
22
23
24
이스라엘 백성이 요단을 건너다
3
2
3
4

너희가 이전에 이 길을 지나보지 못하였
음이니라 하니라

5 여호수아가 또 백성에게 이르되 너희
는 자신을 성결하게 하라 여호와께서 내
일 너희 가운데에 기이한 일들을 행하시
리라

6 여호수아가 또 제사장들에게 말하여
이르되 언약궤를 메고 백성에 앞서 건너
라 하매 곧 언약궤를 메고 백성에 앞서 나
아가니라

7 여호와께서 여호수아에게 이르시되
내가 오늘부터 시작하여 너를 온 이스라
엘의 목전에서 크게 하여 내가 모세와 함
께 있었던 것 같이 너와 함께 있는 것을
그들이 알게 하리라

8 너는 언약궤를 멘 제사장들에게 명령
하여 이르기를 너희가 요단 물 가에 이르
거든 요단에 들어서라 하라

9 여호수아가 이스라엘 자손에게 이르
되 이리 와서 너희의 하나님 여호와의 말
씀을 들으라 하고

10 또 말하되 살아 계신 하나님이 너희
가운데에 계시사 가나안 족속과 헷 족속
과 히위 족속과 브리스 족속과 기르가스
족속과 아모리 족속과 여부스 족속을 너
희 앞에서 반드시 쫓아내실 줄을 이것으
로서 너희가 알리라

11 보라 온 땅의 주의 언약궤가 너희 앞
에서 요단을 건너가나니

12 이제 이스라엘 지파 중에서 각 지파에

한 사람씩 열두 명을 택하라

13 온 땅의 주 여호와의 궤를 멘 제사장
들의 발바닥이 요단 물을 밟고 멈추면 요
단 물 곧 위에서부터 흘러내리던 물이 끊
어지고 한 곳에 쌓여 서리라

14 백성이 요단을 건너려고 자기들의 장
막을 떠날 때에 제사장들은 언약궤를 메
고 백성 앞에서 나아가니라

15 요단이 곡식 거두는 시기에는 항상 언
덕에 넘치더라 궤를 멘 자들이 요단에 이
르며 궤를 멘 제사장들의 발이 물 가에 잠
기자

16 곧 위에서부터 흘러내리던 물이 그쳐
서 사르단에 가까운 매우 멀리 있는 아담
성읍 변두리에 일어나 한 곳에 쌓이고 아
라바의 바다 염해로 향하여 흘러가는 물
은 온전히 끊어지매 백성이 여리고 앞으
로 바로 건널새

17 여호와의 언약궤를 멘 제사장들은 요
단 가운데 마른 땅에 굳게 섰고 그 모든 백
성이 요단을 건너기를 마칠 때까지 모든
이스라엘은 그 마른 땅으로 건너갔더라

길갈에 세운 열두 돌

4 그 모든 백성이 요단을 건너가기를
마치매 여호와께서 여호수아에게 말
씀하여 이르시되

2 백성의 각 지파에 한 사람씩 열두 사
람을 택하고

3 그들에게 명령하여 이르기를 요단 가
운데 제사장들의 발이 굳게 선 그 곳에서

13
14
15
16
17
길갈에 세운 열두 돌
4
2
3

돌 열둘을 택하여 그것을 가져다가 오늘
밤 너희가 유숙할 그 곳에 두게 하라 하시
니라

4 여호수아가 이스라엘 자손 중에서 각
지파에 한 사람씩 준비한 그 열두 사람을
불러

5 그들에게 이르되 요단 가운데로 들어
가 너희 하나님 여호와의 궤 앞으로 가서
이스라엘 자손들의 지파 수대로 각기 돌
한 개씩 가져다가 어깨에 메라

6 이것이 너희 중에 표징이 되리라 후일
에 너희의 자손들이 물어 이르되 이 돌들
은 무슨 뜻이냐 하거든

7 그들에게 이르기를 요단 물이 여호와
의 언약궤 앞에서 끊어졌나니 곧 언약궤
가 요단을 건널 때에 요단 물이 끊어졌으
므로 이 돌들이 이스라엘 자손에게 영원
히 기념이 되리라 하라 하니라

8 이스라엘 자손들이 여호수아가 명령
한 대로 행하되 여호와께서 여호수아에
게 이르신 대로 이스라엘 자손들의 지파
의 수를 따라 요단 가운데에서 돌 열둘을
택하여 자기들이 유숙할 곳으로 가져다
가 거기에 두었더라

9 여호수아가 또 요단 가운데 곧 언약궤
를 멘 제사장들의 발이 선 곳에 돌 열둘을
세웠더니 오늘까지 거기에 있더라

10 또 여호와께서 여호수아에게 명령하
사 백성에게 말하게 하신 일 곧 모세가 여
호수아에게 명령한 일이 다 마치기까지

궤를 멘 제사장들이 요단 가운데에 서 있
고 백성은 속히 건넜으며
11 모든 백성이 건너기를 마친 후에 여호
와의 궤와 제사장들이 백성의 목전에서
건넜으며
12 르우벤 자손과 갓 자손과 므낫세 반
지파는 모세가 그들에게 이른 것 같이 무
장하고 이스라엘 자손들보다 앞서 건너
갔으니
13 무장한 사만 명 가량이 여호와 앞에서
건너가 싸우려고 여리고 평지에 이르니
라
14 그 날에 여호와께서 모든 이스라엘의
목전에서 여호수아를 크게 하시매 그가 생
존한 날 동안에 백성이 그를 두려워하기를
모세를 두려워하던 것 같이 하였더라
15 여호와께서 여호수아에게 말씀하여
이르시되
16 증거궤를 멘 제사장들에게 명령하여
요단에서 올라오게 하라 하신지라
17 여호수아가 제사장들에게 명령하여
이르기를 요단에서 올라오라 하매
18 여호와의 언약궤를 멘 제사장들이 요
단 가운데에서 나오며 그 발바닥으로 육
지를 밟는 동시에 요단 물이 본 곳으로 도
로 흘러서 전과 같이 언덕에 넘쳤더라
19 첫째 달 십일에 백성이 요단에서 올라
와 여리고 동쪽 경계 길갈에 진 치매
20 여호수아가 요단에서 가져온 그 열두
돌을 길갈에 세우고

11

12

13

14

15

16

17

18

19

20

21 이스라엘 자손들에게 말하여 이르되
후일에 너희의 자손들이 그들의 아버지에
게 묻기를 이 돌들은 무슨 뜻이니이까 하
거든

22 너희는 너희의 자손들에게 알게 하여
이르기를 이스라엘이 마른 땅을 밟고 이
요단을 건넜음이라

23 너희의 하나님 여호와께서 요단 물을
너희 앞에서 마르게 하사 너희를 건너게
하신 것이 너희의 하나님 여호와께서 우
리 앞에 홍해를 말리시고 우리를 건너게
하심과 같았나니

24 이는 땅의 모든 백성에게 여호와의 손
이 강하신 것을 알게 하며 너희가 너희의
하나님 여호와를 항상 경외하게 하려 하
심이라 하라

5 요단 서쪽의 아모리 사람의 모든 왕
들과 해변의 가나안 사람의 모든 왕
들이 여호와께서 요단 물을 이스라엘 자
손들 앞에서 말리시고 우리를 건너게 하
셨음을 듣고 마음이 녹았고 이스라엘 자
손들 때문에 정신을 잃었더라

이스라엘이 길갈에서 할례를 받다

2 그 때에 여호와께서 여호수아에게 이
르시되 너는 부싯돌로 칼을 만들어 이스라
엘 자손들에게 다시 할례를 행하라 하시매

3 여호수아가 부싯돌로 칼을 만들어 할
례 산에서 이스라엘 자손들에게 할례를
행하니라

4 여호수아가 할례를 시행한 까닭은 이

21

22

23

24

5

이스라엘이 길갈에서 할례를 받다

2

3

4

것이니 애굽에서 나온 모든 백성 중 남자
곧 모든 군사는 애굽에서 나온 후 광야 길
에서 죽었는데

5 그 나온 백성은 다 할례를 받았으나
다만 애굽에서 나온 후 광야 길에서 난 자
는 할례를 받지 못하였음이라

6 이스라엘 자손들이 여호와의 음성을
청종하지 아니하므로 여호와께서 그들에
게 대하여 맹세하사 그들의 조상들에게
맹세하여 우리에게 주리라고 하신 땅 곧
젖과 꿀이 흐르는 땅을 그들이 보지 못하
게 하리라 하시매 애굽에서 나온 족속 곧
군사들이 다 멸절하기까지 사십 년 동안
을 광야에서 헤매었더니

7 그들의 대를 잇게 하신 이 자손에게
여호수아가 할례를 행하였으니 길에서는
그들에게 할례를 행하지 못하였으므로
할례 없는 자가 되었음이었더라

8 또 그 모든 백성에게 할례 행하기를 마
치매 백성이 진중 각 처소에 머물며 낫기를
기다릴 때에

9 여호와께서 여호수아에게 이르시되
내가 오늘 애굽의 수치를 너희에게서 떠
나가게 하였다 하셨으므로 그 곳 이름을
오늘까지 길갈이라 하느니라

10 또 이스라엘 자손들이 길갈에 진 쳤고
그 달 십사일 저녁에는 여리고 평지에서
유월절을 지켰으며

11 유월절 이튿날에 그 땅의 소산물을 먹
되 그 날에 무교병과 볶은 곡식을 먹었더라

5

6

7

8

9

10

11

12 또 그 땅의 소산물을 먹은 다음 날에 만나가 그쳤으니 이스라엘 사람들이 다시는 만나를 얻지 못하였고 그 해에 가나안 땅의 소출을 먹었더라

칼을 든 여호와의 군대 대장

13 여호수아가 여리고에 가까이 이르렀을 때에 눈을 들어 본즉 한 사람이 칼을 빼어 손에 들고 마주 서 있는지라 여호수아가 나아가서 그에게 묻되 너는 우리를 위하느냐 우리의 적들을 위하느냐 하니

14 그가 이르되 아니라 나는 여호와의 군대 대장으로 지금 왔느니라 하는지라 여호수아가 얼굴을 땅에 대고 엎드려 절하고 그에게 이르되 내 주여 종에게 무슨 말씀을 하려 하시나이까

15 여호와의 군대 대장이 여호수아에게 이르되 네 발에서 신을 벗으라 네가 선 곳은 거룩하니라 하니 여호수아가 그대로 행하니라

여리고 성이 무너지다

6 이스라엘 자손들로 말미암아 여리고는 굳게 닫혔고 출입하는 자가 없더라

2 여호와께서 여호수아에게 이르시되 보라 내가 여리고와 그 왕과 용사들을 네 손에 넘겨 주었으니

3 너희 모든 군사는 그 성을 둘러 성 주위를 매일 한 번씩 돌되 엿새 동안을 그리 하라

4 제사장 일곱은 일곱 양각 나팔을 잡고 언약궤 앞에서 나아갈 것이요 일곱째 날

12

칼을 든 여호와의 군대 대장

13

14

15

여리고 성이 무너지다

6

2

3

4

에는 그 성을 일곱 번 돌며 그 제사장들은
나팔을 불 것이며

5 제사장들이 양각 나팔을 길게 불어 그
나팔 소리가 너희에게 들릴 때에는 백성
은 다 큰 소리로 외쳐 부를 것이라 그리하
면 그 성벽이 무너져 내리리니 백성은 각
기 앞으로 올라갈지니라 하시매

6 눈의 아들 여호수아가 제사장들을 불
러 그들에게 이르되 너희는 언약궤를 메
고 제사장 일곱은 양각 나팔 일곱을 잡고
여호와의 궤 앞에서 나아가라 하고

7 또 백성에게 이르되 나아가서 그 성을
돌되 무장한 자들이 여호와의 궤 앞에서
나아갈지니라 하니라

8 여호수아가 백성에게 이르기를 마치
매 제사장 일곱은 양각 나팔 일곱을 잡고
여호와 앞에서 나아가며 나팔을 불고 여
호와의 언약궤는 그 뒤를 따르며

9 그 무장한 자들은 나팔 부는 제사장들
앞에서 행진하며 후군은 궤 뒤를 따르고
제사장들은 나팔을 불며 행진하더라

10 여호수아가 백성에게 명령하여 이르
되 너희는 외치지 말며 너희 음성을 들리
게 하지 말며 너희 입에서 아무 말도 내지
말라 그리하다가 내가 너희에게 명령하
여 외치라 하는 날에 외칠지니라 하고

11 여호와의 궤가 그 성을 한 번 돌게 하
고 그들이 진영으로 들어와서 진영에서
자니라

12 또 여호수아가 아침에 일찍이 일어나

5

6

7

8

9

10

11

12

니 제사장들이 여호와의 궤를 메고

13 제사장 일곱은 양각 나팔 일곱을 잡고
여호와의 궤 앞에서 계속 행진하며 나팔
을 불고 무장한 자들은 그 앞에 행진하며
후군은 여호와의 궤 뒤를 따르고 제사장
들은 나팔을 불며 행진하니라

14 그 둘째 날에도 그 성을 한 번 돌고 진
영으로 돌아오니라 엿새 동안을 이같이
행하니라

15 일곱째 날 새벽에 그들이 일찍이 일어
나서 전과 같은 방식으로 그 성을 일곱 번
도니 그 성을 일곱 번 돌기는 그 날뿐이었
더라

16 일곱 번째에 제사장들이 나팔을 불 때
에 여호수아가 백성에게 이르되 외치라
여호와께서 너희에게 이 성을 주셨느니라

17 이 성과 그 가운데에 있는 모든 것은
여호와께 온전히 바치되 기생 라합과 그
집에 동거하는 자는 모두 살려 주라 이는
우리가 보낸 사자들을 그가 숨겨 주었음
이니라

18 너희는 온전히 바치고 그 바친 것 중
에서 어떤 것이든지 취하여 너희가 이스
라엘 진영으로 바치는 것이 되게 하여 고
통을 당하게 되지 아니하도록 오직 너희
는 그 바친 물건에 손대지 말라

19 은금과 동철 기구들은 다 여호와께 구
별될 것이니 그것을 여호와의 곳간에 들
일지니라 하니라

20 이에 백성은 외치고 제사장들은 나팔

을 불매 백성이 나팔 소리를 들을 때에 크
게 소리 질러 외치니 성벽이 무너져 내린
지라 백성이 각기 앞으로 나아가 그 성에
들어가서 그 성을 점령하고

21 그 성 안에 있는 모든 것을 온전히 바
치되 남녀 노소와 소와 양과 나귀를 칼날
로 멸하니라

22 여호수아가 그 땅을 정탐한 두 사람에
게 이르되 그 기생의 집에 들어가서 너희
가 그 여인에게 맹세한 대로 그와 그에게
속한 모든 것을 이끌어 내라 하매

23 정탐한 젊은이들이 들어가서 라합과
그의 부모와 그의 형제와 그에게 속한 모
든 것을 이끌어 내고 또 그의 친족도 다
이끌어 내어 그들을 이스라엘의 진영 밖
에 두고

24 무리가 그 성과 그 가운데에 있는 모
든 것을 불로 사르고 은금과 동철 기구는
여호와의 집 곳간에 두었더라

25 여호수아가 기생 라합과 그의 아버지
의 가족과 그에게 속한 모든 것을 살렸으
므로 그가 오늘까지 이스라엘 중에 거주
하였으니 이는 여호수아가 여리고를 정
탐하려고 보낸 사자들을 숨겼음이었더라

26 여호수아가 그 때에 맹세하게 하여 이
르되 누구든지 일어나서 이 여리고 성을
건축하는 자는 여호와 앞에서 저주를 받
을 것이라 그 기초를 쌓을 때에 그의 맏아
들을 잃을 것이요 그 문을 세울 때에 그의
막내아들을 잃으리라 하였더라

21

22

23

24

25

26

27 여호와께서 여호수아와 함께 하시니
여호수아의 소문이 그 온 땅에 퍼지니라

아간의 범죄

7 이스라엘 자손들이 온전히 바친 물건
으로 말미암아 범죄하였으니 이는 유
다 지파 세라의 증손 삽디의 손자 갈미의
아들 아간이 온전히 바친 물건을 가졌음
이라 여호와께서 이스라엘 자손들에게
진노하시니라

2 여호수아가 여리고에서 사람을 벧엘
동쪽 벧아웬 곁에 있는 아이로 보내며 그
들에게 말하여 이르되 올라가서 그 땅을
정탐하라 하매 그 사람들이 올라가서 아
이를 정탐하고

3 여호수아에게로 돌아와 그에게 이르
되 백성을 다 올라가게 하지 말고 이삼천
명만 올라가서 아이를 치게 하소서 그들
은 소수이니 모든 백성을 그리로 보내어
수고롭게 하지 마소서 하므로

4 백성 중 삼천 명쯤 그리로 올라갔다가
아이 사람 앞에서 도망하니

5 아이 사람이 그들을 삼십육 명쯤 쳐죽
이고 성문 앞에서부터 스바림까지 쫓아가
내려가는 비탈에서 쳤으므로 백성의 마음
이 녹아 물 같이 된지라

6 여호수아가 옷을 찢고 이스라엘 장로
들과 함께 여호와의 궤 앞에서 땅에 엎드
려 머리에 티끌을 뒤집어쓰고 저물도록 있
다가

7 이르되 슬프도소이다 주 여호와여 어

27

아간의 범죄

7

2

3

4

5

6

7

찌하여 이 백성을 인도하여 요단을 건너
게 하시고 우리를 아모리 사람의 손에 넘
겨 멸망시키려 하셨나이까 우리가 요단
저쪽을 만족하게 여겨 거주하였더면 좋
을 뻔하였나이다

8 주여 이스라엘이 그의 원수들 앞에서
돌아섰으니 내가 무슨 말을 하오리이까

9 가나안 사람과 이 땅의 모든 사람들이
듣고 우리를 둘러싸고 우리 이름을 세상
에서 끊으리니 주의 크신 이름을 위하여
어떻게 하시려 하나이까 하니

10 여호와께서 여호수아에게 이르시되
일어나라 어찌하여 이렇게 엎드렸느냐

11 이스라엘이 범죄하여 내가 그들에게
명령한 나의 언약을 어겼으며 또한 그들
이 온전히 바친 물건을 가져가고 도둑질
하며 속이고 그것을 그들의 물건들 가운
데에 두었느니라

12 그러므로 이스라엘 자손들이 그들의
원수 앞에 능히 맞서지 못하고 그 앞에서
돌아섰나니 이는 그들도 온전히 바친 것
이 됨이라 그 온전히 바친 물건을 너희 중
에서 멸하지 아니하면 내가 다시는 너희
와 함께 있지 아니하리라

13 너는 일어나서 백성을 거룩하게 하여
이르기를 너희는 내일을 위하여 스스로 거
룩하게 하라 이스라엘의 하나님 여호와의
말씀에 이스라엘아 너희 가운데에 온전히
바친 물건이 있나니 너희가 그 온전히 바친
물건을 너희 가운데에서 제하기까지는 네

8

9

10

11

12

13

원수들 앞에 능히 맞서지 못하리라

14 너희는 아침에 너희의 지파대로 가까
이 나아오라 여호와께 뽑히는 그 지파는
그 족속대로 가까이 나아올 것이요 여호
와께 뽑히는 족속은 그 가족대로 가까이
나아올 것이요 여호와께 뽑히는 그 가족
은 그 남자들이 가까이 나아올 것이며

15 온전히 바친 물건을 가진 자로 뽑힌
자를 불사르되 그와 그의 모든 소유를 그
리하라 이는 여호와의 언약을 어기고 이
스라엘 가운데에서 망령된 일을 행하였
음이라 하셨다 하라

16 이에 여호수아가 아침 일찍이 일어나
서 이스라엘을 그의 지파대로 가까이 나
아오게 하였더니 유다 지파가 뽑혔고

17 유다 족속을 가까이 나아오게 하였더
니 세라 족속이 뽑혔고 세라 족속의 각 남
자를 가까이 나아오게 하였더니 삽디가
뽑혔고

18 삽디의 가족 각 남자를 가까이 나아오
게 하였더니 유다 지파 세라의 증손이요
삽디의 손자요 갈미의 아들인 아간이 뽑
혔더라

19 그러므로 여호수아가 아간에게 이르
되 내 아들아 청하노니 이스라엘의 하나
님 여호와께 영광을 돌려 그 앞에 자복하
고 네가 행한 일을 내게 알게 하라 그 일
을 내게 숨기지 말라 하니

20 아간이 여호수아에게 대답하여 이르되
참으로 나는 이스라엘의 하나님 여호와께

14

15

16

17

18

19

20

범죄하여 이러이러하게 행하였나이다

21 내가 노략한 물건 중에 시날 산의 아
름다운 외투 한 벌과 은 이백 세겔과 그
무게가 오십 세겔 되는 금덩이 하나를 보
고 탐내어 가졌나이다 보소서 이제 그 물
건들을 내 장막 가운데 땅 속에 감추었는
데 은은 그 밑에 있나이다 하더라

22 이에 여호수아가 사자들을 보내매 그
의 장막에 달려가 본즉 물건이 그의 장막
안에 감추어져 있는데 은은 그 밑에 있는
지라

23 그들이 그것을 장막 가운데서 취하여
여호수아와 이스라엘 모든 자손에게 가
지고 오매 그들이 그것을 여호와 앞에 쏟
아 놓으니라

24 여호수아가 이스라엘 모든 사람과 더
불어 세라의 아들 아간을 잡고 그 은과 그
외투와 그 금덩이와 그의 아들들과 그의
딸들과 그의 소들과 그의 나귀들과 그의
양들과 그의 장막과 그에게 속한 모든 것
을 이끌고 아골 골짜기로 가서

25 여호수아가 이르되 네가 어찌하여 우
리를 괴롭게 하였느냐 여호와께서 오늘
너를 괴롭게 하시리라 하니 온 이스라엘
이 그를 돌로 치고 물건들도 돌로 치고 불
사르고

26 그 위에 돌 무더기를 크게 쌓았더니
오늘까지 있더라 여호와께서 그의 맹렬
한 진노를 그치시니 그러므로 그 곳 이름
을 오늘까지 아골 골짜기라 부르더라

21

22

23

24

25

26

아이 성을 점령하다

8 여호와께서 여호수아에게 이르시되
두려워하지 말라 놀라지 말라 군사를
다 거느리고 일어나 아이로 올라가라 보
라 내가 아이 왕과 그의 백성과 그의 성읍
과 그의 땅을 다 네 손에 넘겨 주었으니

2 너는 여리고와 그 왕에게 행한 것 같
이 아이와 그 왕에게 행하되 오직 거기서
탈취할 물건과 가축은 스스로 가지라 너
는 아이 성 뒤에 복병을 둘지니라 하시니

3 이에 여호수아가 일어나서 군사와 함
께 아이로 올라가려 하여 용사 삼만 명을
뽑아 밤에 보내며

4 그들에게 명령하여 이르되 너희는 성
읍 뒤로 가서 성읍을 향하여 매복하되 그
성읍에서 너무 멀리 하지 말고 다 스스로
준비하라

5 나와 나를 따르는 모든 백성은 다 성
읍으로 가까이 가리니 그들이 처음과 같
이 우리에게로 쳐 올라올 것이라 그리 할
때에 우리가 그들 앞에서 도망하면

6 그들이 나와서 우리를 추격하며 이르
기를 그들이 처음과 같이 우리 앞에서 도
망한다 하고 우리의 유인을 받아 그 성읍
에서 멀리 떠날 것이라 우리가 그들 앞에
서 도망하거든

7 너희는 매복한 곳에서 일어나 그 성읍
을 점령하라 너희 하나님 여호와께서 그
성읍을 너희 손에 주시리라

8 너희가 그 성읍을 취하거든 그것을 불

아이 성을 점령하다

8

2

3

4

5

6

7

8

살라 여호와의 말씀대로 행하라 보라 내
가 너희에게 명령하였느니라 하고
9 그들을 보내매 그들이 매복할 곳으로
가서 아이 서쪽 벧엘과 아이 사이에 매복
하였고 여호수아는 그 밤에 백성 가운데
에서 잤더라
10 여호수아가 아침에 일찍이 일어나 백
성을 점호하고 이스라엘 장로들과 더불
어 백성에 앞서 아이로 올라가매
11 그와 함께 한 군사가 다 올라가서 그
성읍 앞에 가까이 이르러 아이 북쪽에 진
치니 그와 아이 사이에는 한 골짜기가 있
더라
12 그가 약 오천 명을 택하여 성읍 서쪽
벧엘과 아이 사이에 매복시키니
13 이와 같이 성읍 북쪽에는 온 군대가 있
고 성읍 서쪽에는 복병이 있었더라 여호수
아가 그 밤에 골짜기 가운데로 들어가니
14 아이 왕이 이를 보고 그 성읍 백성과
함께 일찍이 일어나 급히 나가 아라바 앞
에 이르러 정한 때에 이스라엘과 싸우려
하나 성읍 뒤에 복병이 있는 줄은 알지 못
하였더라
15 여호수아와 온 이스라엘이 그들 앞에서
거짓으로 패한 척하여 광야 길로 도망하매
16 그 성읍에 있는 모든 백성이 그들을
추격하려고 모여 여호수아를 추격하며
유인함을 받아 아이 성읍을 멀리 떠나니
17 아이와 벧엘에 이스라엘을 따라가지
아니한 자가 하나도 없으며 성문을 열어

9

10

11

12

13

14

15

16

17

놓고 이스라엘을 추격하였더라

18 여호와께서 여호수아에게 이르시되
네 손에 잡은 단창을 들어 아이를 가리키
라 내가 이 성읍을 네 손에 넘겨 주리라
여호수아가 그의 손에 잡은 단창을 들어
그 성읍을 가리키니

19 그의 손을 드는 순간에 복병이 그들의
자리에서 급히 일어나 성읍으로 달려 들어
가서 점령하고 곧 성읍에 불을 놓았더라

20 아이 사람이 뒤를 돌아본즉 그 성읍에
연기가 하늘에 닿은 것이 보이니 이 길로
도 저 길로도 도망할 수 없이 되었고 광야
로 도망하던 이스라엘 백성은 그 추격하
던 자에게로 돌아섰더라

21 여호수아와 온 이스라엘이 그 복병이
성읍을 점령함과 성읍에 연기가 오름을
보고 다시 돌이켜 아이 사람들을 쳐죽이
고

22 복병도 성읍에서 나와 그들을 치매 그
들이 이스라엘 중간에 든지라 어떤 사람
들은 이쪽에서 어떤 사람들은 저쪽에서
쳐죽여서 한 사람도 남거나 도망하지 못
하게 하였고

23 아이 왕을 사로잡아 여호수아 앞으로
끌어 왔더라

24 이스라엘이 자기들을 광야로 추격하
던 모든 아이 주민을 들에서 죽이되 그들
을 다 칼날에 엎드러지게 하여 진멸하기
를 마치고 온 이스라엘이 아이로 돌아와
서 칼날로 죽이매

18

19

20

21

22

23

24

25 그 날에 엎드러진 아이 사람들은 남녀
가 모두 만 이천 명이라

26 아이 주민들을 진멸하여 바치기까지
여호수아가 단창을 잡아 든 손을 거두지
아니하였고

27 오직 그 성읍의 가축과 노략한 것은
여호와께서 여호수아에게 명령하신 대로
이스라엘이 탈취하였더라

28 이에 여호수아가 아이를 불살라 그것
으로 영원한 무더기를 만들었더니 오늘
까지 황폐하였으며

29 그가 또 아이 왕을 저녁 때까지 나무에
달았다가 해 질 때에 명령하여 그의 시체를
나무에서 내려 그 성문 어귀에 던지고 그
위에 돌로 큰 무더기를 쌓았더니 그것이 오
늘까지 있더라

에발 산에서 율법을 낭독하다

30 그 때에 여호수아가 이스라엘의 하나
님 여호와를 위하여 에발 산에 한 제단을
쌓았으니

31 이는 여호와의 종 모세가 이스라엘 자
손에게 명령한 것과 모세의 율법책에 기
록된 대로 쇠 연장으로 다듬지 아니한 새
돌로 만든 제단이라 무리가 여호와께 번
제물과 화목제물을 그 위에 드렸으며

32 여호수아가 거기서 모세가 기록한 율
법을 이스라엘 자손의 목전에서 그 돌에
기록하매

33 온 이스라엘과 그 장로들과 관리들과
재판장들과 본토인뿐 아니라 이방인까지

25

26

27

28

29

에발 산에서 율법을 낭독하다

30

31

32

33

여호와의 언약궤를 멘 레위 사람 제사장
들 앞에서 궤의 좌우에 서되 절반은 그리
심 산 앞에, 절반은 에발 산 앞에 섰으니
이는 전에 여호와의 종 모세가 이스라엘
백성에게 축복하라고 명령한 대로 함이
라

34 그 후에 여호수아가 율법책에 기록된
모든 것 대로 축복과 저주하는 율법의 모
든 말씀을 낭독하였으니

35 모세가 명령한 것은 여호수아가 이스
라엘 온 회중과 여자들과 아이와 그들 중
에 동행하는 거류민들 앞에서 낭독하지
아니한 말이 하나도 없었더라

기브온 주민들이 여호수아를 속이다

9 이 일 후에 요단 서쪽 산지와 평지와
레바논 앞 대해 연안에 있는 헷 사람
과 아모리 사람과 가나안 사람과 브리스
사람과 히위 사람과 여부스 사람의 모든
왕들이 이 일을 듣고

2 모여서 일심으로 여호수아와 이스라
엘에 맞서서 싸우려 하더라

3 기브온 주민들이 여호수아가 여리고
와 아이에 행한 일을 듣고

4 꾀를 내어 사신의 모양을 꾸미되 해어
진 전대와 해어지고 찢어져서 기운 가죽
포도주 부대를 나귀에 싣고

5 그 발에는 낡아서 기운 신을 신고 낡
은 옷을 입고 다 마르고 곰팡이가 난 떡을
준비하고

6 그들이 길갈 진영으로 가서 여호수아

34

35

기브온 주민들이 여호수아를 속이다

9

2

3

4

5

6

에게 이르러 그와 이스라엘 사람들에게
이르되 우리는 먼 나라에서 왔나이다 이
제 우리와 조약을 맺읍시다 하니

7 이스라엘 사람들이 히위 사람에게 이
르되 너희가 우리 가운데에 거주하는 듯
하니 우리가 어떻게 너희와 조약을 맺을
수 있으랴 하나

8 그들이 여호수아에게 이르되 우리는
당신의 종들이니이다 하매 여호수아가
그들에게 묻되 너희는 누구며 어디서 왔
느냐 하니

9 그들이 여호수아에게 대답하되 종들
은 당신의 하나님 여호와의 이름으로 말
미암아 심히 먼 나라에서 왔사오니 이는
우리가 그의 소문과 그가 애굽에서 행하
신 모든 일을 들으며

10 또 그가 요단 동쪽에 있는 아모리 사
람의 두 왕들 곧 헤스본 왕 시혼과 아스다
롯에 있는 바산 왕 옥에게 행하신 모든 일
을 들었음이니이다

11 그러므로 우리 장로들과 우리 나라의
모든 주민이 우리에게 말하여 이르되 너
희는 여행할 양식을 손에 가지고 가서 그
들을 만나서 그들에게 이르기를 우리는
당신들의 종들이니 이제 우리와 조약을
맺읍시다 하라 하였나이다

12 우리의 이 떡은 우리가 당신들에게로
오려고 떠나던 날에 우리들의 집에서 아
직도 뜨거운 것을 양식으로 가지고 왔으
나 보소서 이제 말랐고 곰팡이가 났으며

7

8

9

10

11

12

13 또 우리가 포도주를 담은 이 가죽 부
대도 새 것이었으나 찢어지게 되었으며
우리의 이 옷과 신도 여행이 매우 길었으
므로 낡아졌나이다 한지라

14 무리가 그들의 양식을 취하고는 어떻
게 할지를 여호와께 묻지 아니하고

15 여호수아가 곧 그들과 화친하여 그들
을 살리리라는 조약을 맺고 회중 족장들
이 그들에게 맹세하였더라

16 그들과 조약을 맺은 후 사흘이 지나서
야 그들이 이웃에서 자기들 중에 거주하
는 자들이라 함을 들으니라

17 이스라엘 자손이 행군하여 셋째 날에
그들의 여러 성읍들에 이르렀으니 그들
의 성읍들은 기브온과 그비라와 브에롯
과 기랏여아림이라

18 그러나 회중 족장들이 이스라엘의 하
나님 여호와로 그들에게 맹세했기 때문
에 이스라엘 자손이 그들을 치지 못한지
라 그러므로 회중이 다 족장들을 원망하
니

19 모든 족장이 온 회중에게 이르되 우리
가 이스라엘의 하나님 여호와로 그들에
게 맹세하였은즉 이제 그들을 건드리지
못하리라

20 우리가 그들에게 맹세한 맹약으로 말
미암아 진노가 우리에게 임할까 하노니
이렇게 행하여 그들을 살리리라 하고

21 무리에게 이르되 그들을 살리라 하니
족장들이 그들에게 이른 대로 그들이 온

13

14

15

16

17

18

19

20

21

회중을 위하여 나무를 패며 물을 긷는 자
가 되었더라

22 여호수아가 그들을 불러다가 말하여
이르되 너희가 우리 가운데에 거주하면
서 어찌하여 심히 먼 곳에서 왔다고 하여
우리를 속였느냐

23 그러므로 너희가 저주를 받나니 너희
가 대를 이어 종이 되어 다 내 하나님의
집을 위하여 나무를 패며 물을 긷는 자가
되리라 하니

24 그들이 여호수아에게 대답하여 이르
되 당신의 하나님 여호와께서 그의 종 모
세에게 명령하사 이 땅을 다 당신들에게
주고 이 땅의 모든 주민을 당신들 앞에서
멸하라 하신 것이 당신의 종들에게 분명
히 들리므로 당신들로 말미암아 우리의
목숨을 잃을까 심히 두려워하여 이같이
하였나이다

25 보소서 이제 우리가 당신의 손에 있으
니 당신의 의향에 좋고 옳은 대로 우리에
게 행하소서 한지라

26 여호수아가 곧 그대로 그들에게 행하
여 그들을 이스라엘 자손의 손에서 건져
서 죽이지 못하게 하니라

27 그 날에 여호수아가 그들을 여호와께
서 택하신 곳에서 회중을 위하며 여호와
의 제단을 위하여 나무를 패며 물을 긷는
자들로 삼았더니 오늘까지 이르니라

여호수아가 기브온을 구하다

22

23

24

25

26

27

여호수아가 기브온을 구하다

10 그 때에 여호수아가 아이를 빼앗아
진멸하되 여리고와 그 왕에게 행한
것 같이 아이와 그 왕에게 행한 것과 또
기브온 주민이 이스라엘과 화친하여 그
중에 있다 함을 예루살렘 왕 아도니세덱
이 듣고

2 크게 두려워하였으니 이는 기브온은
왕도와 같은 큰 성임이요 아이보다 크고
그 사람들은 다 강함이라

3 예루살렘 왕 아도니세덱이 헤브론 왕
호함과 야르뭇 왕 비람과 라기스 왕 야비
아와 에글론 왕 드빌에게 보내어 이르되

4 내게로 올라와 나를 도우라 우리가 기
브온을 치자 이는 기브온이 여호수아와
이스라엘 자손과 더불어 화친하였음이니
라 하매

5 아모리 족속의 다섯 왕들 곧 예루살렘
왕과 헤브론 왕과 야르뭇 왕과 라기스 왕
과 에글론 왕이 함께 모여 자기들의 모든
군대를 거느리고 올라와 기브온에 대진
하고 싸우니라

6 기브온 사람들이 길갈 진영에 사람을
보내어 여호수아에게 전하되 당신의 종
들 돕기를 더디게 하지 마시고 속히 우리
에게 올라와 우리를 구하소서 산지에 거
주하는 아모리 사람의 왕들이 다 모여 우
리를 치나이다 하매

7 여호수아가 모든 군사와 용사와 더불
어 길갈에서 올라가니라

8 그 때에 여호와께서 여호수아에게 이

10

2

3

4

5

6

7

8

르시되 그들을 두려워하지 말라 내가 그
들을 네 손에 넘겨 주었으니 그들 중에서
한 사람도 너를 당할 자 없으리라 하신지
라

9 여호수아가 길갈에서 밤새도록 올라
가 갑자기 그들에게 이르니

10 여호와께서 그들을 이스라엘 앞에서
패하게 하시므로 여호수아가 그들을 기
브온에서 크게 살륙하고 벧호론에 올라
가는 비탈에서 추격하여 아세가와 막게
다까지 이르니라

11 그들이 이스라엘 앞에서 도망하여 벧
호론의 비탈에서 내려갈 때에 여호와께
서 하늘에서 큰 우박 덩이를 아세가에 이
르기까지 내리시매 그들이 죽었으니 이
스라엘 자손의 칼에 죽은 자보다 우박에
죽은 자가 더 많았더라

12 여호와께서 아모리 사람을 이스라엘
자손에게 넘겨 주시던 날에 여호수아가
여호와께 아뢰어 이스라엘의 목전에서
이르되 태양아 너는 기브온 위에 머무르
라 달아 너도 아얄론 골짜기에서 그리할
지어다 하매

13 태양이 머물고 달이 멈추기를 백성이
그 대적에게 원수를 갚기까지 하였느니
라 야살의 책에 태양이 중천에 머물러서
거의 종일토록 속히 내려가지 아니하였
다고 기록되지 아니하였느냐

14 여호와께서 사람의 목소리를 들으신
이같은 날은 전에도 없었고 후에도 없었

9

10

11

12

13

14

나니 이는 여호와께서 이스라엘을 위하
여 싸우셨음이니라
15 여호수아가 온 이스라엘과 더불어 길
갈 진영으로 돌아왔더라

아모리의 모든 왕과 땅을 취하다

16 그 다섯 왕들이 도망하여 막게다의 굴
에 숨었더니
17 어떤 사람이 여호수아에게 고하여 이
르되 막게다의 굴에 그 다섯 왕들이 숨은
것을 발견하였나이다 하니
18 여호수아가 이르되 굴 어귀에 큰 돌을
굴려 막고 사람을 그 곁에 두어 그들을 지
키게 하고
19 너희는 지체하지 말고 너희 대적의 뒤
를 따라가 그 후군을 쳐서 그들이 자기들
의 성읍에 들어가지 못하게 하라 너희 하
나님 여호와께서 그들을 너희 손에 넘겨
주셨느니라 하고
20 여호수아와 이스라엘 자손이 그들을
크게 살육하여 거의 멸하였고 그 남은 몇
사람은 견고한 성들로 들어간 고로
21 모든 백성이 평안히 막게다 진영으로
돌아와 여호수아에게 이르렀더니 혀를
놀려 이스라엘 자손을 대적하는 자가 없
었더라
22 그 때에 여호수아가 이르되 굴 어귀를
열고 그 굴에서 그 다섯 왕들을 내게로 끌
어내라 하매
23 그들이 그대로 하여 그 다섯 왕들 곧
예루살렘 왕과 헤브론 왕과 야르뭇 왕과

15

아모리의 모든 왕과 땅을 취하다

16

17

18

19

20

21

22

23

라기스 왕과 에글론 왕을 굴에서 그에게
로 끌어내니라

24 그 왕들을 여호수아에게로 끌어내매
여호수아가 이스라엘 모든 사람을 부르
고 자기와 함께 갔던 지휘관들에게 이르
되 가까이 와서 이 왕들의 목을 발로 밟으
라 하매 그들이 가까이 가서 그들의 목을
밟으매

25 여호수아가 그들에게 이르되 두려워
하지 말며 놀라지 말고 강하고 담대하라
너희가 맞서서 싸우는 모든 대적에게 여
호와께서 다 이와 같이 하시리라 하고

26 그 후에 여호수아가 그 왕들을 쳐죽여
다섯 나무에 매달고 저녁까지 나무에 달
린 채로 두었다가

27 해 질 때에 여호수아가 명령하매 그들
의 시체를 나무에서 내려 그들이 숨었던
굴 안에 던지고 굴 어귀를 큰 돌로 막았더
니 오늘까지 그대로 있더라

28 그 날에 여호수아가 막게다를 취하고
칼날로 그 성읍과 왕을 쳐서 그 성읍과 그
중에 있는 모든 사람을 진멸하여 바치고
한 사람도 남기지 아니하였으니 막게다
왕에게 행한 것이 여리고 왕에게 행한 것
과 같았더라

29 여호수아가 온 이스라엘과 더불어 막
게다에서 립나로 나아가서 립나와 싸우매

30 여호와께서 또 그 성읍과 그 왕을 이스
라엘의 손에 붙이신지라 칼날로 그 성읍
과 그 중의 모든 사람을 쳐서 멸하여 한 사

24

25

26

27

28

29

30

람도 남기지 아니하였으니 그 왕에게 행한
것이 여리고 왕에게 행한 것과 같았더라

31 여호수아가 또 온 이스라엘과 더불어
립나에서 라기스로 나아가서 대진하고
싸우더니

32 여호와께서 라기스를 이스라엘의 손
에 넘겨 주신지라 이튿날에 그 성읍을 점
령하고 칼날로 그것과 그 안의 모든 사람
을 쳐서 멸하였으니 립나에 행한 것과 같
았더라

33 그 때에 게셀 왕 호람이 라기스를 도
우려고 올라오므로 여호수아가 그와 그
의 백성을 쳐서 한 사람도 남기지 아니하
였더라

34 여호수아가 온 이스라엘과 더불어 라
기스에서 에글론으로 나아가서 대진하고
싸워

35 그 날에 그 성읍을 취하고 칼날로 그
것을 쳐서 그 중에 있는 모든 사람을 당일
에 진멸하여 바쳤으니 라기스에 행한 것
과 같았더라

36 여호수아가 또 온 이스라엘과 더불어
에글론에서 헤브론으로 올라가서 싸워

37 그 성읍을 점령하고 그것과 그 왕과 그
속한 성읍들과 그 중의 모든 사람을 칼날
로 쳐서 하나도 남기지 아니하였으니 그
성읍들과 그 중의 모든 사람을 진멸하여
바친 것이 에글론에 행한 것과 같았더라

38 여호수아가 온 이스라엘과 더불어 돌
아와서 드빌에 이르러 싸워

39 그 성읍과 그 왕과 그 속한 성읍들을
점령하고 칼날로 그 성읍을 쳐서 그 안의
모든 사람을 진멸하여 바치고 하나도 남
기지 아니하였으니 드빌과 그 왕에게 행
한 것이 헤브론에 행한 것과 같았으며 립
나와 그 왕에게 행한 것과 같았더라

40 이와 같이 여호수아가 그 온 땅 곧 산
지와 네겝과 평지와 경사지와 그 모든 왕
을 쳐서 하나도 남기지 아니하고 호흡이
있는 모든 자는 다 진멸하여 바쳤으니 이
스라엘의 하나님 여호와께서 명령하신
것과 같았더라

41 여호수아가 또 가데스 바네아에서 가
사까지와 온 고센 땅을 기브온에 이르기
까지 치매

42 이스라엘의 하나님 여호와께서 이스
라엘을 위하여 싸우셨으므로 여호수아가
이 모든 왕들과 그들의 땅을 단번에 빼앗
으니라

43 여호수아가 온 이스라엘과 더불어 길
갈 진영으로 돌아왔더라

가나안 북방을 취하다

11 하솔 왕 야빈이 이 소식을 듣고 마돈
왕 요밥과 시므론 왕과 악삽 왕과

2 및 북쪽 산지와 긴네롯 남쪽 아라바와
평지와 서쪽 돌의 높은 곳에 있는 왕들과

3 동쪽과 서쪽의 가나안 족속과 아모리
족속과 헷 족속과 브리스 족속과 산지의
여부스 족속과 미스바 땅 헤르몬 산 아래
히위 족속에게 사람을 보내매

39

40

41

42

43

가나안 북방을 취하다

11

2

3

4 그들이 그 모든 군대를 거느리고 나왔
으니 백성이 많아 해변의 수많은 모래 같
고 말과 병거도 심히 많았으며

5 이 왕들이 모두 모여 나아와서 이스라
엘과 싸우려고 메롬 물 가에 함께 진 쳤더
라

6 여호와께서 여호수아에게 이르시되
그들로 말미암아 두려워하지 말라 내일
이맘때에 내가 그들을 이스라엘 앞에 넘
겨 주어 몰살시키리니 너는 그들의 말 뒷
발의 힘줄을 끊고 그들의 병거를 불사르
라 하시니라

7 이에 여호수아가 모든 군사와 함께 메
롬 물 가로 가서 갑자기 습격할 때에

8 여호와께서 그들을 이스라엘의 손에
넘겨 주셨기 때문에 그들을 격파하고 큰
시돈과 미스르봇 마임까지 추격하고 동
쪽으로는 미스바 골짜기까지 추격하여
한 사람도 남기지 아니하고 쳐죽이고

9 여호수아가 여호와께서 자기에게 명
령하신 대로 행하여 그들의 말 뒷발의 힘
줄을 끊고 그들의 병거를 불로 살랐더라

10 하솔은 본래 그 모든 나라의 머리였더
니 그 때에 여호수아가 돌아와서 하솔을
취하고 그 왕을 칼날로 쳐죽이고

11 그 가운데 모든 사람을 칼날로 쳐서
진멸하여 호흡이 있는 자는 하나도 남기
지 아니하였고 또 하솔을 불로 살랐고

12 여호수아가 그 왕들의 모든 성읍과 그
모든 왕을 붙잡아 칼날로 쳐서 진멸하여

4

5

6

7

8

9

10

11

12

바쳤으니 여호와의 종 모세가 명령한 것
과 같이 하였으되

13 여호수아가 하솔만 불살랐고 산 위에
세운 성읍들은 이스라엘이 불사르지 아
니하였으며

14 이 성읍들의 모든 재물과 가축은 이스라
엘 자손들이 탈취하고 모든 사람은 칼날로
쳐서 멸하여 호흡이 있는 자는 하나도 남기
지 아니하였으니

15 여호와께서 그의 종 모세에게 명령하
신 것을 모세는 여호수아에게 명령하였
고 여호수아는 그대로 행하여 여호와께
서 모세에게 명하신 모든 것을 하나도 행
하지 아니한 것이 없었더라

여호수아가 취한 지역

16 여호수아가 이같이 그 온 땅 곧 산지와
온 네겝과 고센 온 땅과 평지와 아라바와
이스라엘 산지와 평지를 점령하였으니

17 곧 세일로 올라가는 할락 산에서부터
헤르몬 산 아래 레바논 골짜기의 바알갓
까지라 그들의 왕들을 모두 잡아 쳐죽였
으며

18 여호수아가 그 모든 왕들과 싸운 지가
오랫동안이라

19 기브온 주민 히위 족속 외에는 이스라
엘 자손과 화친한 성읍이 하나도 없고 이
스라엘 자손이 싸워서 다 점령하였으니

20 그들의 마음이 완악하여 이스라엘을
대적하여 싸우러 온 것은 여호와께서 그
리하게 하신 것이라 그들을 진멸하여 바

13

14

15

여호수아가 취한 지역

16

17

18

19

20

치게 하여 은혜를 입지 못하게 하시고 여
호와께서 모세에게 명령하신 대로 그들
을 멸하려 하심이었더라

21 그 때에 여호수아가 가서 산지와 헤브
론과 드빌과 아낙과 유다 온 산지와 이스
라엘의 온 산지에서 아낙 사람들을 멸절
하고 그가 또 그들의 성읍들을 진멸하여
바쳤으므로

22 이스라엘 자손의 땅에는 아낙 사람들
이 하나도 남지 아니하였고 가사와 가드
와 아스돗에만 남았더라

23 이와 같이 여호수아가 여호와께서 모
세에게 말씀하신 대로 그 온 땅을 점령하
여 이스라엘 지파의 구분에 따라 기업으
로 주매 그 땅에 전쟁이 그쳤더라

모세가 정복한 왕들

12 이스라엘 자손이 요단 저편 해 돋는
쪽 곧 아르논 골짜기에서 헤르몬 산
까지의 동쪽 온 아라바를 차지하고 그 땅
에서 쳐죽인 왕들은 이러하니라

2 시혼은 헤스본에 거주하던 아모리 족
속의 왕이라 그가 다스리던 땅은 아르논
골짜기 가에 있는 아로엘에서부터 골짜
기 가운데 성읍과 길르앗 절반 곧 암몬 자
손의 경계 얍복 강까지이며

3 또 동방 아라바 긴네롯 바다까지이며
또 동방 아라바의 바다 곧 염해의 벧여시
못으로 통한 길까지와 남쪽으로 비스가
산기슭까지이며

4 옥은 르바의 남은 족속으로서 아스다

21
22
23
모세가 정복한 왕들
12
2
3
4

롯과 에드레이에 거주하던 바산의 왕이라
5 그가 다스리던 땅은 헤르몬 산과 살르
가와 온 바산과 및 그술 사람과 마아가 사
람의 경계까지의 길르앗 절반이니 헤스
본 왕 시혼의 경계에 접한 곳이라
6 여호와의 종 모세와 이스라엘 자손이 그
들을 치고 여호와의 종 모세가 그 땅을 르우
벤 사람과 갓 사람과 므낫세 반 지파에게 기
업으로 주었더라

여호수아가 정복한 왕들

7 여호수아와 이스라엘 자손이 요단 이
편 곧 서쪽 레바논 골짜기의 바알갓에서
부터 세일로 올라가는 곳 할락 산까지 쳐
서 멸한 그 땅의 왕들은 이러하니라 (그
땅을 여호수아가 이스라엘의 지파들에게
구분에 따라 소유로 주었으니
8 곧 산지와 평지와 아라바와 경사지와
광야와 네겝 곧 헷 족속과 아모리 족속과
가나안 족속과 브리스 족속과 히위 족속
과 여부스 족속의 땅이라)
9 하나는 여리고 왕이요 하나는 벧엘 곁
의 아이 왕이요
10 하나는 예루살렘 왕이요 하나는 헤브
론 왕이요 하나는 야르뭇 왕이요
11 하나는 라기스 왕이요
12 하나는 에글론 왕이요 하나는 게셀 왕
이요
13 하나는 드빌 왕이요 하나는 게델 왕이요
14 하나는 호르마 왕이요 하나는 아랏 왕

5
6
여호수아가 정복한 왕들
7
8
9
10
11
12
13
14

이요
15 하나는 립나 왕이요 하나는 아둘람 왕
이요
16 하나는 막게다 왕이요 하나는 벧엘 왕
이요
17 하나는 답부아 왕이요 하나는 헤벨 왕
이요
18 하나는 아벡 왕이요 하나는 랏사론 왕
이요
19 하나는 마돈 왕이요 하나는 하솔 왕이
요
20 하나는 시므론 므론 왕이요 하나는 악
삽 왕이요
21 하나는 다아낙 왕이요 하나는 므깃도
왕이요
22 하나는 게데스 왕이요 하나는 갈멜의
욕느암 왕이요
23 하나는 돌의 높은 곳의 돌 왕이요 하
나는 길갈의 고임 왕이요
24 하나는 디르사 왕이라 모두 서른한 왕
이었더라

정복하지 못한 지역

13 여호수아가 나이가 많아 늙으매 여
호와께서 그에게 이르시되 너는 나
이가 많아 늙었고 얻을 땅이 매우 많이 남
아 있도다
2 이 남은 땅은 이러하니 블레셋 사람의
모든 지역과 그술 족속의 모든 지역
3 곧 애굽 앞 시홀 시내에서부터 가나안
사람에게 속한 북쪽 에그론 경계까지와

15

16

17

18

19

20

21

22

23

24

정복하지 못한 지역

13

2

3

블레셋 사람의 다섯 통치자들의 땅 곧 가
사 족속과 아스돗 족속과 아스글론 족속
과 가드 족속과 에그론 족속과 또 남쪽 아
위 족속의 땅과

4 또 가나안 족속의 모든 땅과 시돈 사
람에게 속한 므아라와 아모리 족속의 경
계 아벡까지와

5 또 그발 족속의 땅과 해 뜨는 곳의 온
레바논 곧 헤르몬 산 아래 바알갓에서부
터 하맛에 들어가는 곳까지와

6 또 레바논에서부터 미스르봇마임까지
산지의 모든 주민 곧 모든 시돈 사람의 땅
이라 내가 그들을 이스라엘 자손 앞에서
쫓아내리니 너는 내가 명령한 대로 그 땅
을 이스라엘에게 분배하여 기업이 되게
하되

7 너는 이 땅을 아홉 지파와 므낫세 반 지
파에게 나누어 기업이 되게 하라 하셨더라

요단 동쪽 기업의 분배

8 므낫세 반 지파와 함께 르우벤 족속과
갓 족속은 요단 저편 동쪽에서 그들의 기
업을 모세에게 받았는데 여호와의 종 모
세가 그들에게 준 것은 이러하니

9 곧 아르논 골짜기 가에 있는 아로엘에
서부터 골짜기 가운데에 있는 성읍과 디
본까지 이르는 메드바 온 평지와

10 헤스본에서 다스리던 아모리 족속의
왕 시혼의 모든 성읍 곧 암몬 자손의 경계
까지와

11 길르앗과 및 그술 족속과 마아갓 족속의

4

5

6

7

요단 동쪽 기업의 분배

8

9

10

11

지역과 온 헤르몬 산과 살르가까지 온 바산
12 곧 르바의 남은 족속으로서 아스다롯
과 에드레이에서 다스리던 바산 왕 옥의
온 나라라 모세가 이 땅의 사람들을 쳐서
쫓아냈어도
13 그술 족속과 마아갓 족속은 이스라엘
자손이 쫓아내지 아니하였으므로 그술과
마아갓이 오늘까지 이스라엘 가운데에서
거주하니라
14 오직 레위 지파에게는 여호수아가 기
업으로 준 것이 없었으니 이는 그에게 말
씀하신 것과 같이 이스라엘의 하나님 여
호와께 드리는 화제물이 그들의 기업이
되었음이더라

르우벤 자손의 기업

15 모세가 르우벤 자손의 지파에게 그들
의 가족을 따라서 기업을 주었으니
16 그들의 지역은 아르논 골짜기 가에 있
는 아로엘에서부터 골짜기 가운데 있는
성읍과 메드바 곁에 있는 온 평지와
17 헤스본과 그 평지에 있는 모든 성읍
곧 디본과 바못 바알과 벧 바알 므온과
18 야하스와 그데못과 메바앗과
19 기랴다임과 십마와 골짜기의 언덕에
있는 세렛 사할과
20 벳브올과 비스가 산기슭과 벧여시못과
21 평지 모든 성읍과 헤스본에서 다스리
던 아모리 족속의 왕 시혼의 온 나라라 모
세가 시혼을 그 땅에 거주하는 시혼의 군
주들 곧 미디안의 귀족 에위와 레겜과 술

12
13
14
르우벤 자손의 기업
15
16
17
18
19
20
21

과 훌과 레바와 함께 죽였으며
22 이스라엘 자손이 그들을 살륙하는 중
에 브올의 아들 점술가 발람도 칼날로 죽
였더라
23 르우벤 자손의 서쪽 경계는 요단과 그
강 가라 이상은 르우벤 자손의 기업으로
그 가족대로 받은 성읍들과 주변 마을들
이니라

갓 자손의 기업

24 모세가 갓 지파 곧 갓 자손에게도 그
들의 가족을 따라서 기업을 주었으니
25 그들의 지역은 야셀과 길르앗 모든 성
읍과 암몬 자손의 땅 절반 곧 랍바 앞의
아로엘까지와
26 헤스본에서 라맛 미스베와 브도님까
지와 마하나임에서 드빌 지역까지와
27 골짜기에 있는 벧 하람과 벧니므라와
숙곳과 사본 곧 헤스본 왕 시혼의 나라의
남은 땅 요단과 그 강 가에서부터 요단 동
쪽 긴네렛 바다의 끝까지라
28 이는 갓 자손의 기업으로 그들의 가족
대로 받은 성읍들과 주변 마을들이니라

동쪽 므낫세 자손의 기업

29 모세가 므낫세 반 지파에게 기업을 주
었으되 므낫세 자손의 반 지파에게 그들
의 가족대로 주었으니
30 그 지역은 마하나임에서부터 온 바산
곧 바산 왕 옥의 온 나라와 바산에 있는
야일의 모든 고을 육십 성읍과
31 길르앗 절반과 바산 왕 옥의 나라 성

22
23
갓 자손의 기업
24
25
26
27
28
동쪽 므낫세 자손의 기업
29
30
31

읍 아스다롯과 에드레이라 이는 므낫세
의 아들 마길의 자손에게 돌린 것이니 곧
마길 자손의 절반이 그들의 가족대로 받
으니라

32 요단 동쪽 여리고 맞은편 모압 평지에
서 모세가 분배한 기업이 이러하여도

33 오직 레위 지파에게는 모세가 기업을
주지 아니하였으니 이는 그들에게 말씀
하신 것과 같이 이스라엘의 하나님 여호
와께서 그들의 기업이 되심이었더라

요단 서쪽 기업의 분배

14 이것은 이스라엘 자손이 가나안
땅에서 받은 기업 곧 제사장 엘르
아살과 눈의 아들 여호수아와 이스라엘
자손 지파의 족장들이 분배한 것이니라

2 여호와께서 모세에게 명령하신 대로
그들의 기업을 제비 뽑아 아홉 지파와 반
지파에게 주었으니

3 이는 두 지파와 반 지파의 기업은 모
세가 요단 저쪽에서 주었음이요 레위 자
손에게는 그들 가운데에서 기업을 주지
아니하였으니

4 이는 요셉의 자손이 므낫세와 에브라
임의 두 지파가 되었음이라 이 땅에서 레
위 사람에게 아무 분깃도 주지 아니하고
다만 거주할 성읍들과 가축과 재산을 위
한 목초지만 주었으니

5 이스라엘 자손이 여호와께서 모세에
게 명령하신 것과 같이 행하여 그 땅을 나
누었더라

32

33

요단 서쪽 기업의 분배

14

2

3

4

5

갈렙이 헤브론을 기업으로 받다

6 그 때에 유다 자손이 길갈에 있는 여
호수아에게 나아오고 그니스 사람 여분
네의 아들 갈렙이 여호수아에게 말하되
여호와께서 가데스 바네아에서 나와 당
신에게 대하여 하나님의 사람 모세에게
이르신 일을 당신이 아시는 바라

7 내 나이 사십 세에 여호와의 종 모세가
가데스 바네아에서 나를 보내어 이 땅을
정탐하게 하였으므로 내가 성실한 마음으
로 그에게 보고하였고

8 나와 함께 올라갔던 내 형제들은 백성
의 간담을 녹게 하였으나 나는 내 하나님
여호와께 충성하였으므로

9 그 날에 모세가 맹세하여 이르되 네가
내 하나님 여호와께 충성하였은즉 네 발
로 밟는 땅은 영원히 너와 네 자손의 기업
이 되리라 하였나이다

10 이제 보소서 여호와께서 이 말씀을 모
세에게 이르신 때로부터 이스라엘이 광
야에서 방황한 이 사십오 년 동안을 여호
와께서 말씀하신 대로 나를 생존하게 하
셨나이다 오늘 내가 팔십오 세로되

11 모세가 나를 보내던 날과 같이 오늘도
내가 여전히 강건하니 내 힘이 그 때나 지
금이나 같아서 싸움에나 출입에 감당할
수 있으니

12 그 날에 여호와께서 말씀하신 이 산지
를 지금 내게 주소서 당신도 그 날에 들으
셨거니와 그 곳에는 아낙 사람이 있고 그

갈렙이 헤브론을 기업으로 받다

6

7

8

9

10

11

12

성읍들은 크고 견고할지라도 여호와께서
나와 함께 하시면 내가 여호와께서 말씀
하신 대로 그들을 쫓아내리이다 하니

13 여호수아가 여분네의 아들 갈렙을 위
하여 축복하고 헤브론을 그에게 주어 기
업을 삼게 하매

14 헤브론이 그니스 사람 여분네의 아들
갈렙의 기업이 되어 오늘까지 이르렀으
니 이는 그가 이스라엘의 하나님 여호와
를 온전히 좇았음이라

15 헤브론의 옛 이름은 기럇 아르바라 아
르바는 아낙 사람 가운데에서 가장 큰 사
람이었더라 그리고 그 땅에 전쟁이 그쳤
더라

유다 자손의 땅

15 또 유다 자손의 지파가 그들의 가
족대로 제비 뽑은 땅의 남쪽으로는
에돔 경계에 이르고 또 남쪽 끝은 신 광야
까지라

2 또 그들의 남쪽 경계는 염해의 끝 곧
남향한 해만에서부터

3 아그랍빔 비탈 남쪽으로 지나 신에 이
르고 가데스 바네아 남쪽으로 올라가서
헤스론을 지나며 아달로 올라가서 돌이
켜 갈가에 이르고

4 거기서 아스몬에 이르러 애굽 시내로
나아가 바다에 이르러 경계의 끝이 되나
니 이것이 너희 남쪽 경계가 되리라

5 그 동쪽 경계는 염해이니 요단 끝까지
요 그 북쪽 경계는 요단 끝에 있는 해만에

13
14
15
유다 자손의 땅
15
2
3
4
5

서부터
6 벧 호글라로 올라가서 벧 아라바 북쪽
을 지나 르우벤 자손 보한의 돌에 이르고
7 또 아골 골짜기에서부터 드빌을 지나
북쪽으로 올라가서 그 강 남쪽에 있는 아
둠밈 비탈 맞은편 길갈을 향하고 나아가
엔 세메스 물들을 지나 엔로겔에 이르며
8 또 힌놈의 아들의 골짜기로 올라가서
여부스 곧 예루살렘 남쪽 어깨에 이르며
또 힌놈의 골짜기 앞 서쪽에 있는 산 꼭대
기로 올라가나니 이곳은 르바임 골짜기
북쪽 끝이며
9 또 이 산 꼭대기에서부터 넵도아 샘물
까지 이르러 에브론 산 성읍들로 나아가
고 또 바알라 곧 기럇 여아림으로 접어들
며
10 또 바알라에서부터 서쪽으로 돌이켜
세일 산에 이르러 여아림 산 곧 그살론 곁
북쪽에 이르고 또 벧 세메스로 내려가서
딤나를 지나고
11 또 에그론 비탈 북쪽으로 나아가 식그
론으로 접어들어 바알라 산을 지나고 얍
느엘에 이르나니 그 끝은 바다며
12 서쪽 경계는 대해와 그 해안이니 유다
자손이 그들의 가족대로 받은 사방 경계
가 이러하니라

갈렙이 헤브론과 드빌을 정복하다(삿 1:11-15)

13 여호와께서 여호수아에게 명령하신
대로 여호수아가 기럇 아르바 곧 헤브론
을 유다 자손 중에서 분깃으로 여분네의

6

7

8

9

10

11

12

갈렙이 헤브론과 드빌을 정복하다(삿 1:11-15)

13

아들 갈렙에게 주었으니 아르바는 아낙
의 아버지였더라

14 갈렙이 거기서 아낙의 소생 그 세 아
들 곧 세새와 아히만과 달매를 쫓아내었
고

15 거기서 올라가서 드빌 주민을 쳤는데
드빌의 본 이름은 기럇 세벨이라

16 갈렙이 말하기를 기럇 세벨을 쳐서 그
것을 점령하는 자에게는 내가 내 딸 악사
를 아내로 주리라 하였더니

17 갈렙의 아우 그나스의 아들인 옷니엘
이 그것을 점령함으로 갈렙이 자기 딸 악
사를 그에게 아내로 주었더라

18 악사가 출가할 때에 그에게 청하여 자
기 아버지에게 밭을 구하자 하고 나귀에
서 내리매 갈렙이 그에게 묻되 네가 무엇
을 원하느냐 하니

19 이르되 내게 복을 주소서 아버지께서
나를 네겝 땅으로 보내시오니 샘물도 내
게 주소서 하매 갈렙이 윗샘과 아랫샘을
그에게 주었더라

유다 자손의 기업

20 유다 자손의 지파가 그들의 가족대로
받은 기업은 이러하니라

21 유다 자손의 지파의 남쪽 끝 에돔 경
계에 접근한 성읍들은 갑스엘과 에델과
야굴과

22 기나와 디모나와 아다다와

23 게데스와 하솔과 잇난과

24 십과 델렘과 브알롯과

14

15

16

17

18

19

유다 자손의 기업

20

21

22

23

24

25 하솔 하닷다와 그리욧 헤스론 곧 하 솔과	25
26 아맘과 세마와 몰라다와	26
27 하살갓다와 헤스몬과 벧 벨렛과	27
28 하살 수알과 브엘세바와 비스요댜와	28
29 바알라와 이임과 에셈과	29
30 엘돌랏과 그실과 홀마와	30
31 시글락과 맛만나와 산산나와	31
32 르바옷과 실힘과 아인과 림몬이니 모 두 스물아홉 성읍과 그 마을들이었으며	32
33 평지에는 에스다올과 소라와 아스나 와	33
34 사노아와 엔간님과 답부아와 에남과	34
35 야르뭇과 아둘람과 소고와 아세가와	35
36 사아라임과 아디다임과 그데라와 그 데로다임이니 열네 성읍과 그 마을들이 었으며	36
37 스난과 하다사와 믹달갓과	37
38 딜르안과 미스베와 욕드엘과	38
39 라기스와 보스갓과 에글론과	39
40 갑본과 라맘과 기들리스와	40
41 그데롯과 벧다곤과 나아마와 막게다 이니 열여섯 성읍과 그 마을들이었으며	41
42 립나와 에델과 아산과	42
43 입다와 아스나와 느십과	43
44 그일라와 악십과 마레사니 아홉 성읍 과 그 마을들이었으며	44
45 에그론과 그 촌락들과 그 마을들과	45
46 에그론에서부터 바다까지 아스돗 곁 에 있는 모든 성읍과 그 마을들이었으며	46

47 아스돗과 그 촌락들과 그 마을들과 가
사와 그 촌락들과 그 마을들이니 애굽 시
내와 대해의 경계에까지 이르렀으며
48 산지는 사밀과 얏딜과 소고와
49 단나와 기럇 산나 곧 드빌과
50 아납과 에스드모와 아님과
51 고센과 홀론과 길로이니 열한 성읍과
그 마을들이었으며
52 아랍과 두마와 에산과
53 야님과 벧 답부아와 아베가와
54 훔다와 기럇 아르바 곧 헤브론과 시올
이니 아홉 성읍과 그 마을들이었으며
55 마온과 갈멜과 십과 윳다와
56 이스르엘과 욕드암과 사노아와
57 가인과 기브아와 딤나니 열 성읍과 그
마을들이었으며
58 할훌과 벧술과 그돌과
59 마아랏과 벧 아놋과 엘드곤이니 여섯
성읍과 그 마을들이었으며
60 기럇 바알 곧 기럇 여아림과 랍바이니
두 성읍과 그 마을들이었으며
61 광야에는 벧 아라바와 밋딘과 스가가
와
62 닙산과 소금 성읍과 엔 게디니 여섯
성읍과 그 마을들이었더라
63 예루살렘 주민 여부스 족속을 유다 자
손이 쫓아내지 못하였으므로 여부스 족
속이 오늘까지 유다 자손과 함께 예루살
렘에 거주하니라

에브라임과 서쪽 므낫세 자손의 기업

47

48

49

50

51

52

53

54

55

56

57

58

59

60

61

62

63

에브라임과 서쪽 므낫세 자손의 기업

16 요셉 자손이 제비 뽑은 것은 여리
고 샘 동쪽 곧 여리고 곁 요단으로
부터 광야로 들어가 여리고로부터 벧엘
산지로 올라가고
2 벧엘에서부터 루스로 나아가 아렉 족
속의 경계를 지나 아다롯에 이르고
3 서쪽으로 내려가서 야블렛 족속의 경
계와 아래 벧호론과 게셀에까지 이르고
그 끝은 바다라
4 요셉의 자손 므낫세와 에브라임이 그
들의 기업을 받았더라

에브라임 자손의 기업

5 에브라임 자손이 그들의 가족대로 받
은 지역은 이러하니라 그들의 기업의 경
계는 동쪽으로 아다롯 앗달에서 윗 벧호
론에 이르고
6 또 서쪽으로 나아가 북쪽 믹므다에 이
르고 동쪽으로 돌아 다아낫 실로에 이르
러 야노아 동쪽을 지나고
7 야노아에서부터 아다롯과 나아라로
내려가 여리고를 만나서 요단으로 나아
가고
8 또 답부아에서부터 서쪽으로 지나서
가나 시내에 이르나니 그 끝은 바다라 에
브라임 자손의 지파가 그들의 가족대로
받은 기업이 이러하였고
9 그 외에 므낫세 자손의 기업 중에서
에브라임 자손을 위하여 구분한 모든 성
읍과 그 마을들도 있었더라
10 그들이 게셀에 거주하는 가나안 족속

16

2

3

4

에브라임 자손의 기업

5

6

7

8

9

10

을 쫓아내지 아니하였으므로 가나안 족
속이 오늘까지 에브라임 가운데에 거주
하며 노역하는 종이 되니라

서쪽 므낫세 자손의 기업

17 므낫세 지파를 위하여 제비 뽑은 것
은 이러하니라 므낫세는 요셉의 장
자였고 므낫세의 장자 마길은 길르앗의
아버지라 그는 용사였기 때문에 길르앗
과 바산을 받았으므로

2 므낫세의 남은 자손을 위하여 그들의
가족대로 제비를 뽑았는데 그들은 곧 아
비에셀의 자손과 헬렉의 자손과 아스리
엘의 자손과 세겜의 자손과 헤벨의 자손
과 스미다의 자손이니 그들의 가족대로
요셉의 아들 므낫세의 남자 자손들이며

3 헤벨의 아들 길르앗의 손자 마길의 증
손 므낫세의 현손 슬로브핫은 아들이 없
고 딸뿐이요 그 딸들의 이름은 말라와 노
아와 호글라와 밀가와 디르사라

4 그들이 제사장 엘르아살과 눈의 아들
여호수아와 지도자들 앞에 나아와서 말
하기를 여호와께서 모세에게 명령하사
우리 형제 중에서 우리에게 기업을 주라
하셨다 하매 여호와의 명령을 따라 그들
에게 그들의 아버지 형제들 중에서 기업
을 주므로

5 요단 동쪽 길르앗과 바산 외에 므낫세
에게 열 분깃이 돌아갔으니

6 므낫세의 여자 자손들이 그의 남자 자
손들 중에서 기업을 받은 까닭이었으며

서쪽 므낫세 자손의 기업

17

2

3

4

5

6

길르앗 땅은 므낫세의 남은 자손들에게
속하였더라

7 므낫세의 경계는 아셀에서부터 세겜
앞 믹므닷까지이며 그 오른쪽으로 가서
엔답부아 주민의 경계에 이르나니

8 답부아 땅은 므낫세에게 속하였으되
므낫세 경계에 있는 답부아는 에브라임
자손에게 속하였으며

9 또 그 경계가 가나 시내로 내려가서
그 시내 남쪽에 이르나니 므낫세의 성읍
중에 이 성읍들은 에브라임에게 속하였
으며 므낫세의 경계는 그 시내 북쪽이요
그 끝은 바다이며

10 남쪽으로는 에브라임에 속하였고 북
쪽으로는 므낫세에 속하였고 바다가 그
경계가 되었으며 그들의 땅의 북쪽은 아
셀에 이르고 동쪽은 잇사갈에 이르렀으며

11 잇사갈과 아셀에도 므낫세의 소유가
있으니 곧 벧 스안과 그 마을들과 이블르
암과 그 마을들과 돌의 주민과 그 마을들
이요 또 엔돌 주민과 그 마을들과 다아낙
주민과 그 마을들과 므깃도 주민과 그 마
을들 세 언덕 지역이라

12 그러나 므낫세 자손이 그 성읍들의 주
민을 쫓아내지 못하매 가나안 족속이 결
심하고 그 땅에 거주하였더니

13 이스라엘 자손이 강성한 후에야 가나
안 족속에게 노역을 시켰고 다 쫓아내지
아니하였더라

에브라임과 므낫세 지파가 땅을 더 요구함

7

8

9

10

11

12

13

에브라임과 므낫세 지파가 땅을 더 요구함

14 요셉 자손이 여호수아에게 말하여 이
르되 여호와께서 지금까지 내게 복을 주
시므로 내가 큰 민족이 되었거늘 당신이
나의 기업을 위하여 한 제비, 한 분깃으로
만 내게 주심은 어찌함이니이까 하니

15 여호수아가 그들에게 이르되 네가 큰
민족이 되므로 에브라임 산지가 네게 너
무 좁을진대 브리스 족속과 르바임 족속
의 땅 삼림에 올라가서 스스로 개척하라
하니라

16 요셉 자손이 이르되 그 산지는 우리에
게 넉넉하지도 못하고 골짜기 땅에 거주
하는 모든 가나안 족속에게는 벧 스안과
그 마을들에 거주하는 자이든지 이스르
엘 골짜기에 거주하는 자이든지 다 철 병
거가 있나이다 하니

17 여호수아가 다시 요셉의 족속 곧 에브
라임과 므낫세에게 말하여 이르되 너는
큰 민족이요 큰 권능이 있은즉 한 분깃만
가질 것이 아니라

18 그 산지도 네 것이 되리니 비록 삼림
이라도 네가 개척하라 그 끝까지 네 것이
되리라 가나안 족속이 비록 철 병거를 가
졌고 강할지라도 네가 능히 그를 쫓아내
리라 하였더라

나머지 땅 분배

18 이스라엘 자손의 온 회중이 실로에
모여서 거기에 회막을 세웠으며 그
땅은 그들 앞에서 돌아와 정복되었더라

2 그러나 이스라엘 자손 중에 그 기업의

14
15
16
17
18
나머지 땅 분배
18
2

분배를 받지 못한 자가 아직도 일곱 지파
라
3 여호수아가 이스라엘 자손에게 이르
되 너희가 너희 조상의 하나님 여호와께
서 너희에게 주신 땅을 점령하러 가기를
어느 때까지 지체하겠느냐
4 너희는 각 지파에 세 사람씩 선정하라
내가 그들을 보내리니 그들은 일어나서 그
땅에 두루 다니며 그들의 기업에 따라 그
땅을 그려 가지고 내게로 돌아올 것이라
5 그들이 그 땅을 일곱 부분으로 나누되
유다는 남쪽 자기 지역에 있고 요셉의 족
속은 북쪽에 있는 그들의 지역에 있으니
6 그 땅을 일곱 부분으로 그려서 이 곳
내게로 가져오라 그러면 내가 여기서 너
희를 위하여 우리 하나님 여호와 앞에서
제비를 뽑으리라
7 레위 사람은 너희 중에 분깃이 없나니
여호와의 제사장 직분이 그들의 기업이
됨이며 갓과 르우벤과 므낫세 반 지파는
요단 저편 동쪽에서 이미 기업을 받았나
니 이는 여호와의 종 모세가 그들에게 준
것이니라 하더라
8 그 사람들이 일어나 떠나니 여호수아
가 그 땅을 그리러 가는 사람들에게 명령
하여 이르되 가서 그 땅으로 두루 다니며
그것을 그려 가지고 내게로 돌아오라 내
가 여기 실로의 여호와 앞에서 너희를 위
하여 제비를 뽑으리라 하니
9 그 사람들이 가서 그 땅으로 두루 다
니며 성읍들을 따라서 일곱 부분으로 책

에 그려서 실로 진영에 돌아와 여호수아
에게 나아오니

10 여호수아가 그들을 위하여 실로의 여
호와 앞에서 제비를 뽑고 그가 거기서 이
스라엘 자손의 분파대로 그 땅을 분배하
였더라

베냐민 자손의 기업

11 베냐민 자손 지파를 위하여 그들의 가
족대로 제비를 뽑았으니 그 제비 뽑은 땅
의 경계는 유다 자손과 요셉 자손의 중간
이라

12 그들의 북방 경계는 요단에서부터 여
리고 북쪽으로 올라가서 서쪽 산지를 넘
어서 또 올라가서 벧아웬 황무지에 이르
며

13 또 그 경계가 거기서부터 루스로 나아
가서 루스 남쪽에 이르나니 루스는 곧 벧
엘이며 또 그 경계가 아다롯 앗달로 내려
가서 아래 벧호론 남쪽 산 곁으로 지나고

14 벧호론 앞 남쪽 산에서부터 서쪽으로
돌아 남쪽으로 향하여 유다 자손의 성읍
기럇 바알 곧 기럇 여아림에 이르러 끝이
되나니 이는 서쪽 경계며

15 남쪽 경계는 기럇 여아림 끝에서부터
서쪽으로 나아가 넵도아 물 근원에 이르
고

16 르바임 골짜기 북쪽 힌놈의 아들 골짜
기 앞에 있는 산 끝으로 내려가고 또 힌놈
의 골짜기로 내려가서 여부스 남쪽에 이르
러 엔 로겔로 내려가고

10

베냐민 자손의 기업

11

12

13

14

15

16

17 또 북쪽으로 접어들어 엔 세메스로 나
아가서 아둠밈 비탈 맞은편 글릴롯으로
나아가서 르우벤 자손 보한의 돌까지 내
려가고
18 북으로 아라바 맞은편을 지나 아라바
로 내려가고
19 또 북으로 벧 호글라 곁을 지나서 요
단 남쪽 끝에 있는 염해의 북쪽 해만이 그
경계의 끝이 되나니 이는 남쪽 경계며
20 동쪽 경계는 요단이니 이는 베냐민 자
손이 그들의 가족대로 받은 기업의 사방
경계였더라
21 베냐민 자손의 지파가 그들의 가족대
로 받은 성읍들은 여리고와 벧 호글라와
에멕 그시스와
22 벧 아라바와 스마라임과 벧엘과
23 아윔과 바라와 오브라와
24 그발 암모니와 오브니와 게바이니 열
두 성읍과 또 그 마을들이며
25 기브온과 라마와 브에롯과
26 미스베와 그비라와 모사와
27 레겜과 이르브엘과 다랄라와
28 셀라와 엘렙과 여부스 곧 예루살렘과
기부앗과 기럇이니 열네 성읍이요 또 그
마을들이라 이는 베냐민 자손이 그들의
가족대로 받은 기업이었더라

시므온 자손의 기업

19 둘째로 시므온 곧 시므온 자손의
지파를 위하여 그들의 가족대로 제
비를 뽑았으니 그들의 기업은 유다 자손

17
18
19
20
21
22
23
24
25
26
27
28

시므온 자손의 기업

19

의 기업 중에서라
2 그들이 받은 기업은 브엘세바 곧 세바
와 몰라다와
3 하살 수알과 발라와 에셈과
4 엘돌랏과 브둘과 호르마와
5 시글락과 벧 말가봇과 하살수사와
6 벧 르바옷과 사루헨이니 열세 성읍이
요 또 그 마을들이며
7 또 아인과 림몬과 에델과 아산이니 네
성읍이요 또 그 마을들이며
8 또 네겝의 라마 곧 바알랏 브엘까지
이 성읍들을 둘러 있는 모든 마을들이니
이는 시므온 자손의 지파가 그들의 가족
대로 받은 기업이라
9 시므온 자손의 이 기업은 유다 자손의
기업 중에서 취하였으니 이는 유다 자손
의 분깃이 자기들에게 너무 많으므로 시
므온 자손이 자기의 기업을 그들의 기업
중에서 받음이었더라

스불론 자손의 기업

10 셋째로 스불론 자손을 위하여 그들의
가족대로 제비를 뽑았으니 그들의 기업
의 경계는 사릿까지이며
11 서쪽으로 올라가서 마랄라에 이르러
답베셋을 만나 욕느암 앞 시내를 만나고
12 사릿에서부터 동쪽으로 돌아 해 뜨는
쪽을 향하여 기슬롯 다볼의 경계에 이르
고 다브랏으로 나가서 야비아로 올라가
고
13 또 거기서부터 동쪽으로 가드 헤벨을

2
3
4
5
6
7
8
9
스불론 자손의 기업
10
11
12
13

지나 엣 가신에 이르고 네아까지 연결된 림몬으로 나아가서	
14 북쪽으로 돌아 한나돈에 이르고 입다엘 골짜기에 이르러 끝이 되며	14
15 또 갓닷과 나할랄과 시므론과 이달라와 베들레헴이니 모두 열두 성읍과 그 마을들이라	15
16 스불론 자손이 그들의 가족대로 받은 기업은 이 성읍들과 그 마을들이었더라	16
잇사갈 자손의 기업	잇사갈 자손의 기업
17 넷째로 잇사갈 곧 잇사갈 자손을 위하여 그들의 가족대로 제비를 뽑았으니	17
18 그들의 지역은 이스르엘과 그술롯과 수넴과	18
19 하바라임과 시온과 아나하랏과	19
20 랍빗과 기시온과 에베스와	20
21 레멧과 엔 간님과 엔핫다와 벧 바세스이며	21
22 그 경계는 다볼과 사하수마와 벧 세메스에 이르고 그 끝은 요단이니 모두 열여섯 성읍과 그 마을들이라	22
23 잇사갈 자손 지파가 그 가족대로 받은 기업은 이 성읍들과 그 마을들이었더라	23
아셀 자손의 기업	아셀 자손의 기업
24 다섯째로 아셀 자손의 지파를 위하여 그 가족대로 제비를 뽑았으니	24
25 그들의 지역은 헬갓과 할리와 베덴과 악삽과	25
26 알람멜렉과 아맛과 미살이며 그 경계의 서쪽은 갈멜을 만나 시홀 림낫에 이르고	26

27 해 뜨는 쪽으로 돌아 벧 다곤에 이르
며 스불론을 만나고 북쪽으로 입다 엘 골
짜기를 만나 벧에멕과 느이엘에 이르고
가불 왼쪽으로 나아가서
28 에브론과 르홉과 함몬과 가나를 지나
큰 시돈까지 이르고
29 돌아서 라마와 견고한 성읍 두로에 이
르고 돌아서 호사에 이르고 악십 지방 곁
바다가 끝이 되며
30 또 움마와 아벡과 르홉이니 모두 스물
두 성읍과 그 마을들이라
31 아셀 자손의 지파가 그 가족대로 받은
기업은 이 성읍들과 그 마을들이었더라

납달리 자손의 기업

32 여섯째로 납달리 자손을 위하여 납달
리 자손의 가족대로 제비를 뽑았으니
33 그들의 지역은 헬렙과 사아난님의 상
수리나무에서부터 아다미 네겝과 얍느엘
을 지나 락굼까지요 그 끝은 요단이며
34 서쪽으로 돌아 아스놋 다볼에 이르고
그 곳에서부터 훅곡으로 나아가 남쪽은
스불론에 이르고 서쪽은 아셀에 이르며
해 뜨는 쪽은 요단에서 유다에 이르고
35 그 견고한 성읍들은 싯딤과 세르와 함
맛과 락갓과 긴네렛과
36 아다마와 라마와 하솔과
37 게데스와 에드레이와 엔 하솔과
38 이론과 믹다렐과 호렘과 벧 아낫과 벧
세메스니 모두 열아홉 성읍과 그 마을들
이라

27

28

29

30

31

납달리 자손의 기업

32

33

34

35

36

37

38

39 납달리 자손의 지파가 그 가족대로 받
은 기업은 이 성읍들과 그 마을들이었더
라

단 자손의 기업

40 일곱째로 단 자손의 지파를 위하여 그
들의 가족대로 제비를 뽑았으니
41 그들의 기업의 지역은 소라와 에스다
올과 이르세메스와
42 사알랍빈과 아얄론과 이들라와
43 엘론과 딤나와 에그론과
44 엘드게와 깁브돈과 바알랏과
45 여훗과 브네브락과 가드 림몬과
46 메얄곤과 락곤과 욥바 맞은편 경계까
지라
47 그런데 단 자손의 경계는 더욱 확장되
었으니 이는 단 자손이 올라가서 레셈과
싸워 그것을 점령하여 칼날로 치고 그것
을 차지하여 거기 거주하였음이라 그들
의 조상 단의 이름을 따라서 레셈을 단이
라 하였더라
48 단 자손의 지파가 그에 딸린 가족대로
받은 기업은 이 성읍들과 그들의 마을들
이었더라

기업의 땅 나누기를 마치다

49 이스라엘 자손이 그들의 경계를 따라
서 기업의 땅 나누기를 마치고 자기들 중
에서 눈의 아들 여호수아에게 기업을 주
었으니
50 곧 여호와의 명령대로 여호수아가 요
구한 성읍 에브라임 산지 딤낫 세라를 주

39
단 자손의 기업
40
41
42
43
44
45
46
47
48
기업의 땅 나누기를 마치다
49
50

매 여호수아가 그 성읍을 건설하고 거기
거주하였더라

51 제사장 엘르아살과 눈의 아들 여호수
아와 이스라엘 자손의 지파의 족장들이
실로에 있는 회막 문 여호와 앞에서 제비
뽑아 나눈 기업이 이러하니라 이에 땅 나
누는 일을 마쳤더라

도피성

20 여호와께서 여호수아에게 말씀하
여 이르시되

2 이스라엘 자손에게 말하여 이르기를
내가 모세를 통하여 너희에게 말한 도피
성들을 너희를 위해 정하여

3 부지중에 실수로 사람을 죽인 자를 그
리로 도망하게 하라 이는 너희를 위해 피
의 보복자를 피할 곳이니라

4 이 성읍들 중의 하나에 도피하는 자는
그 성읍에 들어가는 문 어귀에 서서 그 성
읍의 장로들의 귀에 자기의 사건을 말할
것이요 그들은 그를 성읍에 받아들여 한
곳을 주어 자기들 중에 거주하게 하고

5 피의 보복자가 그의 뒤를 따라온다 할
지라도 그들은 그 살인자를 그의 손에 내
주지 말지니 이는 본래 미워함이 없이 부
지중에 그의 이웃을 죽였음이라

6 그 살인자는 회중 앞에 서서 재판을
받기까지 또는 그 당시 대제사장이 죽기
까지 그 성읍에 거주하다가 그 후에 그 살
인자는 그 성읍 곧 자기가 도망하여 나온
자기 성읍 자기 집으로 돌아갈지니라 하

51
도피성
20
2
3
4
5
6

라 하시니라

7 이에 그들이 납달리의 산지 갈릴리 게
데스와 에브라임 산지의 세겜과 유다 산
지의 기럇 아르바 곧 헤브론과

8 여리고 동쪽 요단 저쪽 르우벤 지파
중에서 평지 광야의 베셀과 갓 지파 중에
서 길르앗 라못과 므낫세 지파 중에서 바
산 골란을 구별하였으니

9 이는 곧 이스라엘 모든 자손과 그들 중
에 거류하는 거류민을 위하여 선정된 성읍
들로서 누구든지 부지중에 살인한 자가 그
리로 도망하여 그가 회중 앞에 설 때까지
피의 보복자의 손에 죽지 아니하게 하기 위
함이라

레위 사람의 성읍

21 그 때에 레위 사람의 족장들이 제
사장 엘르아살과 눈의 아들 여호수
아와 이스라엘 자손의 지파 족장들에게
나아와

2 가나안 땅 실로에서 그들에게 말하여
이르되 여호와께서 모세에게 명령하사
우리가 거주할 성읍들과 우리 가축을 위
해 그 목초지들을 우리에게 주라 하셨나
이다 하매

3 이스라엘 자손이 여호와의 명령을 따라
자기의 기업에서 이 성읍들과 그 목초지들
을 레위 사람에게 주니라

4 그핫 가족을 위하여 제비를 뽑았는데
레위 사람 중 제사장 아론의 자손들은 유
다 지파와 시므온 지파와 베냐민 지파 중

7

8

9

레위 사람의 성읍

21

2

3

4

에서 제비 뽑은 대로 열세 성읍을 받았고
5 그핫 자손들 중에 남은 자는 에브라임
지파의 가족과 단 지파와 므낫세 반 지파
중에서 제비 뽑은 대로 열 성읍을 받았으
며
6 게르손 자손들은 잇사갈 지파의 가족
들과 아셀 지파와 납달리 지파와 바산에
있는 므낫세 반 지파 중에서 제비 뽑은 대
로 열세 성읍을 받았더라
7 므라리 자손들은 그 가족대로 르우벤
지파와 갓 지파와 스불론 지파 중에서 열
두 성읍을 받았더라
8 여호와께서 모세에게 명령하신 대로
이스라엘 자손이 제비 뽑아 레위 사람에게
준 성읍들과 그 목초지들이 이러하니라
9 유다 자손의 지파와 시므온 자손의 지
파 중에서는 이 아래에 기명한 성읍들을
주었는데
10 레위 자손 중 그핫 가족들에 속한 아
론 자손이 첫째로 제비 뽑혔으므로
11 아낙의 아버지 아르바의 성읍 유다 산
지 기럇 아르바 곧 헤브론과 그 주위의 목
초지를 그들에게 주었고
12 그 성읍의 밭과 그 촌락들은 여분네
의 아들 갈렙에게 주어 소유가 되게 하였
더라
13 제사장 아론의 자손에게 준 것은 살인
자의 도피성 헤브론과 그 목초지이요 또
립나와 그 목초지와
14 얏딜과 그 목초지와 에스드모아와 그

5
6
7
8
9
10
11
12
13
14

목초지와
15 홀론과 그 목초지와 드빌과 그 목초지
와
16 아인과 그 목초지와 윳다와 그 목초지
와 벧 세메스와 그 목초지이니 이 두 지파
에서 아홉 성읍을 냈고
17 또 베냐민 지파 중에서는 기브온과 그
목초지와 게바와 그 목초지와
18 아나돗과 그 목초지와 알몬과 그 목초
지 곧 네 성읍을 냈으니
19 제사장 아론 자손의 성읍은 모두 열세
성읍과 그 목초지들이었더라
20 레위 사람인 그핫 자손 중에 남은 자
들의 가족들 곧 그핫 자손에게는 제비 뽑
아 에브라임 지파 중에서 그 성읍들을 주
었으니
21 곧 살인자의 도피성 에브라임 산지
세겜과 그 목초지이요 또 게셀과 그 목초
지와
22 깁사임과 그 목초지와 벧호론과 그 목
초지이니 네 성읍이요
23 또 단 지파 중에서 준 것은 엘드게와
그 목초지와 깁브돈과 그 목초지와
24 아얄론과 그 목초지와 가드 림몬과 그
목초지이니 네 성읍이요
25 또 므낫세 반 지파 중에서 준 것은 다
아낙과 그 목초지와 가드 림몬과 그 목초
지이니 두 성읍이라
26 그핫 자손의 남은 가족들을 위한 성읍
들은 모두 열 성읍과 그 목초지들이었더라

15
16
17
18
19
20
21
22
23
24
25
26

27 레위 가족의 게르손 자손에게는 므낫
세 반 지파 중에서 살인자의 도피성 바산
골란과 그 목초지를 주었고 또 브에스드
라와 그 목초지를 주었으니 두 성읍이요
28 잇사갈 지파 중에서는 기시온과 그 목
초지와 다브랏과 그 목초지와
29 야르뭇과 그 목초지와 엔 간님과 그
목초지를 주었으니 네 성읍이요
30 아셀 지파 중에서는 미살과 그 목초지
와 압돈과 그 목초지와
31 헬갓과 그 목초지와 르홉과 그 목초지
를 주었으니 네 성읍이요
32 납달리 지파 중에서는 살인자의 도피
성 갈릴리 게데스와 그 목초지를 주었고
또 함못 돌과 그 목초지와 가르단과 그 목
초지를 주었으니 세 성읍이라
33 게르손 사람이 그 가족대로 받은 성
읍은 모두 열세 성읍과 그 목초지들이었
더라
34 그 남은 레위 사람 므라리 자손의 가
족들에게 준 것은 스불론 지파 중에서 욕
느암과 그 목초지와 가르다와 그 목초지
와
35 딤나와 그 목초지와 나할랄과 그 목초
지이니 네 성읍이요
36 르우벤 지파 중에서 준 것은 베셀과
그 목초지와 야하스와 그 목초지와
37 그데못과 그 목초지와 므바앗과 그 목
초지이니 네 성읍이요
38 갓 지파 중에서 준 것은 살인자의 도

27

28

29

30

31

32

33

34

35

36

37

38

피성 길르앗 라못과 그 목초지이요 또 마
하나임과 그 목초지와
39 헤스본과 그 목초지와 야셀과 그 목초
지이니 모두 네 성읍이라
40 이는 레위 가족의 남은 자 곧 므라리
자손이 그들의 가족대로 받은 성읍이니
그들이 제비 뽑아 얻은 성읍이 열두 성읍
이었더라
41 레위 사람들이 이스라엘 자손의 기업
중에서 받은 성읍은 모두 마흔여덟 성읍
이요 또 그 목초지들이라
42 이 각 성읍의 주위에 목초지가 있었고
모든 성읍이 다 그러하였더라

약속하신 온 땅을 차지하다

43 여호와께서 이스라엘의 조상들에게
맹세하사 주리라 하신 온 땅을 이와 같이
이스라엘에게 다 주셨으므로 그들이 그
것을 차지하여 거기에 거주하였으니
44 여호와께서 그들의 주위에 안식을 주
셨으되 그 조상들에게 맹세하신 대로 하
셨으므로 그들의 모든 원수들 중에 그들
과 맞선 자가 하나도 없었으니 이는 여호
와께서 그들의 모든 원수들을 그들의 손
에 넘겨 주셨음이니라
45 여호와께서 이스라엘 족속에게 말씀
하신 선한 말씀이 하나도 남음이 없이 다
응하였더라

여호수아가 동쪽 지파들을 보내다

22 그 때에 여호수아가 르우벤 사람
과 갓 사람과 므낫세 반 지파를 불

39

40

41

42

약속하신 온 땅을 차지하다

43

44

45

여호수아가 동쪽 지파들을 보내다

22

러서

2 그들에게 이르되 여호와의 종 모세가
너희에게 명령한 것을 너희가 다 지키며
또 내가 너희에게 명령한 모든 일에 너희
가 내 말을 순종하여

3 오늘까지 날이 오래도록 너희가 너희
형제를 떠나지 아니하고 오직 너희의 하
나님 여호와께서 명령하신 그 책임을 지
키도다

4 이제는 너희의 하나님 여호와께서 이
미 말씀하신 대로 너희 형제에게 안식을
주셨으니 그런즉 이제 너희는 여호와의
종 모세가 요단 저쪽에서 너희에게 준 소
유지로 가서 너희의 장막으로 돌아가되

5 오직 여호와의 종 모세가 너희에게 명
령한 명령과 율법을 반드시 행하여 너희
의 하나님 여호와를 사랑하고 그의 모든
길로 행하며 그의 계명을 지켜 그에게 친
근히 하고 너희의 마음을 다하며 성품을
다하여 그를 섬길지니라 하고

6 여호수아가 그들에게 축복하여 보내
매 그들이 자기 장막으로 갔더라

7 므낫세 반 지파에게는 모세가 바산에
서 기업을 주었고 그 남은 반 지파에게는
여호수아가 요단 이쪽 서쪽에서 그들의
형제들과 함께 기업을 준지라 여호수아
가 그들을 그들의 장막으로 돌려보낼 때
에 그들에게 축복하고

8 말하여 이르되 너희는 많은 재산과 심
히 많은 가축과 은과 금과 구리와 쇠와 심

히 많은 의복을 가지고 너희의 장막으로
돌아가서 너희의 원수들에게서 탈취한
것을 너희의 형제와 나눌지니라 하매

9 르우벤 자손과 갓 자손과 므낫세 반
지파가 가나안 땅 실로에서 이스라엘 자
손을 떠나 여호와께서 모세에게 명령하
신 대로 받은 땅 곧 그들의 소유지 길르앗
으로 가니라

9

요단 가에 제단을 쌓다

요단 가에 제단을 쌓다

10 르우벤 자손과 갓 자손과 므낫세 반
지파가 가나안 땅 요단 언덕 가에 이르자
거기서 요단 가에 제단을 쌓았는데 보기
에 큰 제단이었더라

10

11 이스라엘 자손이 들은즉 이르기를 르
우벤 자손과 갓 자손과 므낫세 반 지파가
가나안 땅의 맨 앞쪽 요단 언덕 가 이스라
엘 자손에게 속한 쪽에 제단을 쌓았다 하
는지라

11

12 이스라엘 자손이 이를 듣자 곧 이스라
엘 자손의 온 회중이 실로에 모여서 그들
과 싸우러 가려 하니라

12

13 이스라엘 자손이 제사장 엘르아살의
아들 비느하스를 길르앗 땅으로 보내어
르우벤 자손과 갓 자손과 므낫세 반 지파
를 보게 하되

13

14 이스라엘 각 지파에서 한 지도자씩 열
지도자들을 그와 함께 하게 하니 그들은
각기 그들의 조상들의 가문의 수령으로
서 이스라엘 중에서 천부장들이라

14

15 그들이 길르앗 땅에 이르러 르우벤 자

15

손과 갓 자손과 므낫세 반 지파에게 나아
가서 그들에게 말하여 이르되

16 여호와의 온 회중이 말하기를 너희가
어찌하여 이스라엘 하나님께 범죄하여
오늘 여호와를 따르는 데서 돌아서서 너
희를 위하여 제단을 쌓아 너희가 오늘 여
호와께 거역하고자 하느냐

17 브올의 죄악으로 말미암아 여호와의
회중에 재앙이 내렸으나 오늘까지 우리
가 그 죄에서 정결함을 받지 못하였거늘
그 죄악이 우리에게 부족하여서

18 오늘 너희가 돌이켜 여호와를 따르지
아니하려고 하느냐 너희가 오늘 여호와
를 배역하면 내일은 그가 이스라엘 온 회
중에게 진노하시리라

19 그런데 너희의 소유지가 만일 깨끗하
지 아니하거든 여호와의 성막이 있는 여
호와의 소유지로 건너와 우리 중에서 소
유지를 나누어 가질 것이니라 오직 우리
하나님 여호와의 제단 외에 다른 제단을
쌓음으로 여호와를 거역하지 말며 우리
에게도 거역하지 말라

20 세라의 아들 아간이 온전히 바친 물건
에 대하여 범죄하므로 이스라엘 온 회중
에 진노가 임하지 아니하였느냐 그의 죄
악으로 멸망한 자가 그 한 사람만이 아니
었느니라 하니라

21 르우벤 자손과 갓 자손과 므낫세 반
지파가 이스라엘 천천의 수령들에게 대
답하여 이르되

22 전능하신 자 하나님 여호와, 전능하신
자 하나님 여호와께서 아시나니 이스라
엘도 장차 알리라 이 일이 만일 여호와를
거역함이거나 범죄함이거든 주께서는 오
늘 우리를 구원하지 마시옵소서

23 우리가 제단을 쌓은 것이 돌이켜 여호
와를 따르지 아니하려 함이거나 또는 그
위에 번제나 소제를 드리려 함이거나 또
는 화목제물을 드리려 함이거든 여호와
는 친히 벌하시옵소서

24 우리가 목적이 있어서 주의하고 이같
이 하였노라 곧 생각하기를 후일에 너희
의 자손이 우리 자손에게 말하여 이르기
를 너희가 이스라엘 하나님 여호와와 무
슨 상관이 있느냐

25 너희 르우벤 자손 갓 자손아 여호와께
서 우리와 너희 사이에 요단으로 경계를
삼으셨나니 너희는 여호와께 받을 분깃
이 없느니라 하여 너희의 자손이 우리 자
손에게 여호와 경외하기를 그치게 할까
하여

26 우리가 말하기를 우리가 이제 한 제단
쌓기를 준비하자 하였노니 이는 번제를
위함도 아니요 다른 제사를 위함도 아니
라

27 우리가 여호와 앞에서 우리의 번제와
우리의 다른 제사와 우리의 화목제로 섬
기는 것을 우리와 너희 사이와 우리의 후
대 사이에 증거가 되게 할 뿐으로서 너희
자손들이 후일에 우리 자손들에게 이르

22

23

24

25

26

27

기를 너희는 여호와께 받을 분깃이 없다
하지 못하게 하려 함이라

28 우리가 말하였거니와 만일 그들이 후
일에 우리에게나 우리 후대에게 이같이
말하면 우리가 말하기를 우리 조상이 지
은 여호와의 제단 모형을 보라 이는 번제
를 위한 것도 아니요 다른 제사를 위한 것
도 아니라 오직 우리와 너희 사이에 증거
만 되게 할 뿐이라

29 우리가 번제나 소제나 다른 제사를 위
하여 우리 하나님 여호와의 성막 앞에 있
는 제단 외에 제단을 쌓음으로 여호와를
거역하고 오늘 여호와를 따르는 데에서
돌아서려는 것은 결단코 아니라 하리라

30 제사장 비느하스와 그와 함께 한 회중
의 지도자들 곧 이스라엘 천천의 수령들
이 르우벤 자손과 갓 자손과 므낫세 자손
의 말을 듣고 좋게 여긴지라

31 제사장 엘르아살의 아들 비느하스가
르우벤 자손과 갓 자손과 므낫세 자손에
게 이르되 우리가 오늘 여호와께서 우리
중에 계신 줄을 아노니 이는 너희가 이 죄
를 여호와께 범하지 아니하였음이니라
너희가 이제 이스라엘 자손을 여호와의
손에서 건져내었느니라 하고

32 제사장 엘르아살의 아들 비느하스와
지도자들이 르우벤 자손과 갓 자손을 떠
나 길르앗 땅에서 가나안 땅 이스라엘 자
손에게 돌아와 그들에게 보고하매

33 그 일이 이스라엘 자손을 즐겁게 한지

28

29

30

31

32

33

라 이스라엘 자손이 하나님을 찬송하고
르우벤 자손과 갓 자손이 거주하는 땅에
가서 싸워 그것을 멸하자 하는 말을 다시
는 하지 아니하였더라

34 르우벤 자손과 갓 자손이 그 제단을
엣이라 불렀으니 우리 사이에 이 제단은
여호와께서 하나님이 되시는 증거라 함
이었더라

여호수아의 마지막 말

23 여호와께서 주위의 모든 원수들로
부터 이스라엘을 쉬게 하신 지 오
랜 후에 여호수아가 나이 많아 늙은지라

2 여호수아가 온 이스라엘 곧 그들의 장
로들과 수령들과 재판장들과 관리들을
불러다가 그들에게 이르되 나는 나이가
많아 늙었도다

3 너희의 하나님 여호와께서 너희를 위
하여 이 모든 나라에 행하신 일을 너희가
다 보았거니와 너희의 하나님 여호와 그
는 너희를 위하여 싸우신 이시니라

4 보라 내가 요단에서부터 해 지는 쪽
대해까지의 남아 있는 나라들과 이미 멸
한 모든 나라를 내가 너희를 위하여 제비
뽑아 너희의 지파에게 기업이 되게 하였
느니라

5 너희의 하나님 여호와 그가 너희 앞에
서 그들을 쫓아내사 너희 목전에서 그들
을 떠나게 하시리니 너희의 하나님 여호
와께서 너희에게 말씀하신 대로 너희가
그 땅을 차지할 것이라

34
여호수아의 마지막 말
23
2
3
4
5

6 그러므로 너희는 크게 힘써 모세의 율
법 책에 기록된 것을 다 지켜 행하라 그것
을 떠나 우로나 좌로나 치우치지 말라

7 너희 중에 남아 있는 이 민족들 중에
들어 가지 말라 그들의 신들의 이름을 부
르지 말라 그것들을 가리켜 맹세하지 말
라 또 그것을 섬겨서 그것들에게 절하지
말라

8 오직 너희의 하나님 여호와께 가까이
하기를 오늘까지 행한 것 같이 하라

9 이는 여호와께서 강대한 나라들을 너
희의 앞에서 쫓아내셨으므로 오늘까지
너희에게 맞선 자가 하나도 없었느니라

10 너희 중 한 사람이 천 명을 쫓으리니
이는 너희의 하나님 여호와 그가 너희에
게 말씀하신 것 같이 너희를 위하여 싸우
심이라

11 그러므로 스스로 조심하여 너희의 하
나님 여호와를 사랑하라

12 너희가 만일 돌아서서 너희 중에 남아
있는 이 민족들을 가까이 하여 더불어 혼
인하며 서로 왕래하면

13 확실히 알라 너희의 하나님 여호와께
서 이 민족들을 너희 목전에서 다시는 쫓
아내지 아니하시리니 그들이 너희에게
올무가 되며 덫이 되며 너희의 옆구리에
채찍이 되며 너희의 눈에 가시가 되어서
너희가 마침내 너희의 하나님 여호와께
서 너희에게 주신 이 아름다운 땅에서 멸
하리라

6

7

8

9

10

11

12

13

14 보라 나는 오늘 온 세상이 가는 길로
가려니와 너희의 하나님 여호와께서 너
희에게 대하여 말씀하신 모든 선한 말씀
이 하나도 틀리지 아니하고 다 너희에게
응하여 그 중에 하나도 어김이 없음을 너
희 모든 사람은 마음과 뜻으로 아는 바라

15 너희의 하나님 여호와께서 너희에게
말씀하신 모든 선한 말씀이 너희에게 임
한 것 같이 여호와께서 모든 불길한 말씀
도 너희에게 임하게 하사 너희의 하나님
여호와께서 너희에게 주신 이 아름다운
땅에서 너희를 멸절하기까지 하실 것이라

16 만일 너희가 너희의 하나님 여호와께
서 너희에게 명령하신 언약을 범하고 가
서 다른 신들을 섬겨 그들에게 절하면 여
호와의 진노가 너희에게 미치리니 너희
에게 주신 아름다운 땅에서 너희가 속히
멸망하리라 하니라

여호수아가 세겜에 모인 백성에게 이르다

24 여호수아가 이스라엘 모든 지파를
세겜에 모으고 이스라엘 장로들과
그들의 수령들과 재판장들과 관리들을
부르매 그들이 하나님 앞에 나와 선지라

2 여호수아가 모든 백성에게 이르되 이
스라엘의 하나님 여호와께서 이같이 말씀
하시기를 옛적에 너희의 조상들 곧 아브
라함의 아버지, 나홀의 아버지 데라가 강
저쪽에 거주하여 다른 신들을 섬겼으나

3 내가 너희의 조상 아브라함을 강 저쪽
에서 이끌어 내어 가나안 온 땅에 두루 행

14

15

16

여호수아가 세겜에 모인 백성에게 이르다

24

2

3

하게 하고 그의 씨를 번성하게 하려고 그
에게 이삭을 주었으며

4 이삭에게는 야곱과 에서를 주었고 에
서에게는 세일 산을 소유로 주었으나 야
곱과 그의 자손들은 애굽으로 내려갔으
므로

5 내가 모세와 아론을 보내었고 또 애굽
에 재앙을 내렸나니 곧 내가 그들 가운데
행한 것과 같고 그 후에 너희를 인도하여
내었노라

6 내가 너희의 조상들을 애굽에서 인도
하여 내어 바다에 이르게 한즉 애굽 사람
들이 병거와 마병을 거느리고 너희의 조
상들을 홍해까지 쫓아오므로

7 너희의 조상들이 나 여호와께 부르짖
기로 내가 너희와 애굽 사람들 사이에 흑
암을 두고 바다를 이끌어 그들을 덮었나
니 내가 애굽에서 행한 일을 너희의 눈이
보았으며 또 너희가 많은 날을 광야에서
거주하였느니라

8 내가 또 너희를 인도하여 요단 저쪽에
거주하는 아모리 족속의 땅으로 들어가
게 하매 그들이 너희와 싸우기로 내가 그
들을 너희 손에 넘겨 주매 너희가 그 땅을
점령하였고 나는 그들을 너희 앞에서 멸
절시켰으며

9 또한 모압 왕 십볼의 아들 발락이 일
어나 이스라엘과 싸우더니 사람을 보내
어 브올의 아들 발람을 불러다가 너희를
저주하게 하려 하였으나

4

5

6

7

8

9

10 내가 발람을 위해 듣기를 원하지 아니
하였으므로 그가 오히려 너희를 축복하
였고 나는 너희를 그의 손에서 건져내었
으며

11 너희가 요단을 건너 여리고에 이른즉
여리고 주민들 곧 아모리 족속과 브리스
족속과 가나안 족속과 헷 족속과 기르가
스 족속과 히위 족속과 여부스 족속이 너
희와 싸우기로 내가 그들을 너희의 손에
넘겨 주었으며

12 내가 왕벌을 너희 앞에 보내어 그 아
모리 족속의 두 왕을 너희 앞에서 쫓아내
게 하였나니 너희의 칼이나 너희의 활로
써 이같이 한 것이 아니며

13 내가 또 너희가 수고하지 아니한 땅과
너희가 건설하지 아니한 성읍들을 너희
에게 주었더니 너희가 그 가운데에 거주
하며 너희는 또 너희가 심지 아니한 포도
원과 감람원의 열매를 먹는다 하셨느니
라

14 그러므로 이제는 여호와를 경외하며
온전함과 진실함으로 그를 섬기라 너희
의 조상들이 강 저쪽과 애굽에서 섬기던
신들을 치워 버리고 여호와만 섬기라

15 만일 여호와를 섬기는 것이 너희에게
좋지 않게 보이거든 너희 조상들이 강 저
쪽에서 섬기던 신들이든지 또는 너희가 거
주하는 땅에 있는 아모리 족속의 신들이든
지 너희가 섬길 자를 오늘 택하라 오직 나
와 내 집은 여호와를 섬기겠노라 하니

10

11

12

13

14

15

16 백성이 대답하여 이르되 우리가 결단
코 여호와를 버리고 다른 신들을 섬기기
를 하지 아니하오리니

16

17 이는 우리 하나님 여호와께서 친히 우
리와 우리 조상들을 인도하여 애굽 땅 종
되었던 집에서 올라오게 하시고 우리 목
전에서 그 큰 이적들을 행하시고 우리가
행한 모든 길과 우리가 지나온 모든 백성
들 중에서 우리를 보호하셨음이며

17

18 여호와께서 또 모든 백성들과 이 땅에
거주하던 아모리 족속을 우리 앞에서 쫓
아내셨음이라 그러므로 우리도 여호와를
섬기리니 그는 우리 하나님이심이니이다
하니라

18

19 여호수아가 백성에게 이르되 너희가
여호와를 능히 섬기지 못할 것은 그는 거
룩하신 하나님이시요 질투하시는 하나님
이시니 너희의 잘못과 죄들을 사하지 아
니하실 것임이라

19

20 만일 너희가 여호와를 버리고 이방 신
들을 섬기면 너희에게 복을 내리신 후에라
도 돌이켜 너희에게 재앙을 내리시고 너희
를 멸하시리라 하니

20

21 백성이 여호수아에게 말하되 아니니
이다 우리가 여호와를 섬기겠나이다 하
는지라

21

22 여호수아가 백성에게 이르되 너희가
여호와를 택하고 그를 섬기리라 하였으
니 스스로 증인이 되었느니라 하니 그들
이 이르되 우리가 증인이 되었나이다 하

22

더라
23 여호수아가 이르되 그러면 이제 너희
중에 있는 이방 신들을 치워 버리고 너희
의 마음을 이스라엘의 하나님 여호와께
로 향하라 하니
24 백성이 여호수아에게 말하되 우리 하
나님 여호와를 우리가 섬기고 그의 목소
리를 우리가 청종하리이다 하는지라
25 그 날에 여호수아가 세겜에서 백성과
더불어 언약을 맺고 그들을 위하여 율례
와 법도를 제정하였더라
26 여호수아가 이 모든 말씀을 하나님의
율법책에 기록하고 큰 돌을 가져다가 거
기 여호와의 성소 곁에 있는 상수리나무
아래에 세우고
27 모든 백성에게 이르되 보라 이 돌이
우리에게 증거가 되리니 이는 여호와께
서 우리에게 하신 모든 말씀을 이 돌이 들
었음이니라 그런즉 너희가 너희의 하나
님을 부인하지 못하도록 이 돌이 증거가
되리라 하고
28 백성을 보내어 각기 기업으로 돌아가
게 하였더라

여호수아와 엘르아살이 죽다

29 이 일 후에 여호와의 종 눈의 아들 여
호수아가 백십 세에 죽으매
30 그들이 그를 그의 기업의 경내 딤낫
세라에 장사하였으니 딤낫 세라는 에브
라임 산지 가아스 산 북쪽이었더라
31 이스라엘이 여호수아가 사는 날 동안

23
24
25
26
27
28
여호수아와 엘르아살이 죽다
29
30
31

과 여호수아 뒤에 생존한 장로들 곧 여호
와께서 이스라엘을 위하여 행하신 모든 일
을 아는 자들이 사는 날 동안 여호와를 섬
겼더라

32 또 이스라엘 자손이 애굽에서 가져 온
요셉의 뼈를 세겜에 장사하였으니 이곳
은 야곱이 백 크시타를 주고 세겜의 아버
지 하몰의 자손들에게서 산 밭이라 그것
이 요셉 자손의 기업이 되었더라

33 아론의 아들 엘르아살도 죽으매 그들
이 그를 그의 아들 비느하스가 에브라임
산지에서 받은 산에 장사하였더라

32

33

사사기 Judges

유다와 시므온 지파가 아도니 베섹을 잡다

1 여호수아가 죽은 후에 이스라엘 자손
이 여호와께 여쭈어 이르되 우리 가운
데 누가 먼저 올라가서 가나안 족속과 싸
우리이까
2 여호와께서 이르시되 유다가 올라갈
지니라 보라 내가 이 땅을 그의 손에 넘겨
주었노라 하시니라
3 유다가 그의 형제 시므온에게 이르되
내가 제비 뽑아 얻은 땅에 나와 함께 올라
가서 가나안 족속과 싸우자 그리하면 나
도 네가 제비 뽑아 얻은 땅에 함께 가리라
하니 이에 시므온이 그와 함께 가니라
4 유다가 올라가매 여호와께서 가나안
족속과 브리스 족속을 그들의 손에 넘겨
주시니 그들이 베섹에서 만 명을 죽이고
5 또 베섹에서 아도니 베섹을 만나 그와
싸워서 가나안 족속과 브리스 족속을 죽
이니
6 아도니 베섹이 도망하는지라 그를 쫓
아가서 잡아 그의 엄지손가락과 엄지발
가락을 자르매
7 아도니 베섹이 이르되 옛적에 칠십 명
의 왕들이 그들의 엄지손가락과 엄지발
가락이 잘리고 내 상 아래에서 먹을 것을
줍더니 하나님이 내가 행한 대로 내게 갚
으심이로다 하니라 무리가 그를 끌고 예

유다와 시므온 지파가 아도니 베섹을 잡다

1

2

3

4

5

6

7

루살렘에 이르렀더니 그가 거기서 죽었
더라

유다 지파가 예루살렘과 헤브론을 치다

8 유다 자손이 예루살렘을 쳐서 점령하
여 칼날로 치고 그 성을 불살랐으며
9 그 후에 유다 자손이 내려가서 산지와
남방과 평지에 거주하는 가나안 족속과
싸웠고
10 유다가 또 가서 헤브론에 거주하는 가
나안 족속을 쳐서 세새와 아히만과 달매
를 죽였더라 헤브론의 본 이름은 기럇 아
르바였더라

옷니엘이 드빌을 치다(수 15:13-19)

11 거기서 나아가서 드빌의 주민들을 쳤
으니 드빌의 본 이름은 기럇 세벨이라
12 갈렙이 말하기를 기럇 세벨을 쳐서 그
것을 점령하는 자에게는 내 딸 악사를 아
내로 주리라 하였더니
13 갈렙의 아우 그나스의 아들인 옷니엘
이 그것을 점령하였으므로 갈렙이 그의
딸 악사를 그에게 아내로 주었더라
14 악사가 출가할 때에 그에게 청하여 자
기 아버지에게 밭을 구하자 하고 나귀에
서 내리매 갈렙이 묻되 네가 무엇을 원하
느냐 하니
15 이르되 내게 복을 주소서 아버지께서
나를 남방으로 보내시니 샘물도 내게 주
소서 하매 갈렙이 윗샘과 아랫샘을 그에
게 주었더라

유다와 베냐민 지파의 승리

유다 지파가 예루살렘과 헤브론을 치다
8
9
10
옷니엘이 드빌을 치다(수 15:13-19)
11
12
13
14
15
유다와 베냐민 지파의 승리

16 모세의 장인은 겐 사람이라 그의 자손
이 유다 자손과 함께 종려나무 성읍에서
올라가서 아랏 남방의 유다 황무지에 이
르러 그 백성 중에 거주하니라

17 유다가 그의 형제 시므온과 함께 가서
스밧에 거주하는 가나안 족속을 쳐서 그
곳을 진멸하였으므로 그 성읍의 이름을
호르마라 하니라

18 유다가 또 가사 및 그 지역과 아스글론
및 그 지역과 에그론 및 그 지역을 점령하
였고

19 여호와께서 유다와 함께 계셨으므로
그가 산지 주민을 쫓아내었으나 골짜기
의 주민들은 철 병거가 있으므로 그들을
쫓아내지 못하였으며

20 그들이 모세가 명령한 대로 헤브론을
갈렙에게 주었더니 그가 거기서 아낙의
세 아들을 쫓아내었고

21 베냐민 자손은 예루살렘에 거주하는
여부스 족속을 쫓아내지 못하였으므로
여부스 족속이 베냐민 자손과 함께 오늘
까지 예루살렘에 거주하니라

에브라임과 므낫세 지파가 벧엘을 치다

22 요셉 가문도 벧엘을 치러 올라가니 여
호와께서 그와 함께 하시니라

23 요셉 가문이 벧엘을 정탐하게 하였는
데 그 성읍의 본 이름은 루스라

24 정탐꾼들이 그 성읍에서 한 사람이 나
오는 것을 보고 그에게 이르되 청하노니
이 성읍의 입구를 우리에게 보이라 그리

16

17

18

19

20

21

에브라임과 므낫세 지파가 벧엘을 치다

22

23

24

하면 우리가 네게 선대하리라 하매

25 그 사람이 성읍의 입구를 가리킨지라
이에 그들이 칼날로 그 성읍을 쳤으되 오
직 그 사람과 그의 가족을 놓아 보내매

26 그 사람이 헷 사람들의 땅에 가서 성읍
을 건축하고 그것의 이름을 루스라 하였
더니 오늘까지 그 곳의 이름이 되니라

쫓아내지 못한 가나안 족속

27 므낫세가 벧스안과 그에 딸린 마을들
의 주민과 다아낙과 그에 딸린 마을들의
주민과 돌과 그에 딸린 마을들의 주민과
이블르암과 그에 딸린 마을들의 주민과
므깃도와 그에 딸린 마을들의 주민들을
쫓아내지 못하매 가나안 족속이 결심하
고 그 땅에 거주하였더니

28 이스라엘이 강성한 후에야 가나안 족
속에게 노역을 시켰고 다 쫓아내지 아니
하였더라

29 에브라임이 게셀에 거주하는 가나안
족속을 쫓아내지 못하매 가나안 족속이
게셀에서 그들 중에 거주하였더라

30 스불론은 기드론 주민과 나할롤 주민
을 쫓아내지 못하였으므로 가나안 족속
이 그들 중에 거주하면서 노역을 하였더
라

31 아셀이 악고 주민과 시돈 주민과 알랍
과 악십과 헬바와 아빅과 르홉 주민을 쫓
아내지 못하고

32 아셀 족속이 그 땅의 주민 가나안 족속
가운데 거주하였으니 이는 그들을 쫓아

25

26

쫓아내지 못한 가나안 족속

27

28

29

30

31

32

내지 못함이었더라
33 납달리는 벧세메스 주민과 벧아낫 주
민을 쫓아내지 못하고 그 땅의 주민 가나
안 족속 가운데 거주하였으나 벧세메스
와 벧아낫 주민들이 그들에게 노역을 하
였더라
34 아모리 족속이 단 자손을 산지로 몰아
넣고 골짜기에 내려오기를 용납하지 아
니하였으며
35 결심하고 헤레스 산과 아얄론과 사알
빔에 거주하였더니 요셉의 가문의 힘이
강성하매 아모리 족속이 마침내는 노역
을 하였으며
36 아모리 족속의 경계는 아그랍빔 비탈
의 바위부터 위쪽이었더라

여호와의 사자가 보김에 나타나다

2 여호와의 사자가 길갈에서부터 보김
으로 올라와 말하되 내가 너희를 애
굽에서 올라오게 하여 내가 너희의 조상
들에게 맹세한 땅으로 들어가게 하였으
며 또 내가 이르기를 내가 너희와 함께 한
언약을 영원히 어기지 아니하리니
2 너희는 이 땅의 주민과 언약을 맺지 말
며 그들의 제단들을 헐라 하였거늘 너희
가 내 목소리를 듣지 아니하였으니 어찌
하여 그리하였느냐
3 그러므로 내가 또 말하기를 내가 그들
을 너희 앞에서 쫓아내지 아니하리니 그
들이 너희 옆구리에 가시가 될 것이며 그
들의 신들이 너희에게 올무가 되리라 하

33
34
35
36
여호와의 사자가 보김에 나타나다
2
2
3

였노라
4 여호와의 사자가 이스라엘 모든 자손
에게 이 말씀을 이르매 백성이 소리를 높
여 운지라
5 그러므로 그 곳을 이름하여 보김이라
하고 그들이 거기서 여호와께 제사를 드
렸더라

여호수아가 죽다

6 전에 여호수아가 백성을 보내매 이스
라엘 자손이 각기 그들의 기업으로 가서
땅을 차지하였고
7 백성이 여호수아가 사는 날 동안과 여
호수아 뒤에 생존한 장로들 곧 여호와께
서 이스라엘을 위하여 행하신 모든 큰 일
을 본 자들이 사는 날 동안에 여호와를 섬
겼더라
8 여호와의 종 눈의 아들 여호수아가 백
십 세에 죽으매
9 무리가 그의 기업의 경내 에브라임 산
지 가아스 산 북쪽 딤낫 헤레스에 장사하
였고
10 그 세대의 사람도 다 그 조상들에게로
돌아갔고 그 후에 일어난 다른 세대는 여
호와를 알지 못하며 여호와께서 이스라엘
을 위하여 행하신 일도 알지 못하였더라

이스라엘이 여호와를 버리다

11 이스라엘 자손이 여호와의 목전에 악
을 행하여 바알들을 섬기며
12 애굽 땅에서 그들을 인도하여 내신 그
들의 조상들의 하나님 여호와를 버리고

4
5
여호수아가 죽다
6
7
8
9
10
이스라엘이 여호와를 버리다
11
12

다른 신들 곧 그들의 주위에 있는 백성의
신들을 따라 그들에게 절하여 여호와를
진노하시게 하였으되

13 곧 그들이 여호와를 버리고 바알과 아
스다롯을 섬겼으므로

14 여호와께서 이스라엘에게 진노하사
노략하는 자의 손에 넘겨 주사 그들이 노
략을 당하게 하시며 또 주위에 있는 모든
대적의 손에 팔아 넘기시매 그들이 다시
는 대적을 당하지 못하였으며

15 그들이 어디로 가든지 여호와의 손이
그들에게 재앙을 내리시니 곧 여호와께
서 말씀하신 것과 같고 여호와께서 그들
에게 맹세하신 것과 같아서 그들의 괴로
움이 심하였더라

16 여호와께서 사사들을 세우사 노략자
의 손에서 그들을 구원하게 하셨으나

17 그들이 그 사사들에게도 순종하지 아
니하고 오히려 다른 신들을 따라가 음행
하며 그들에게 절하고 여호와의 명령을
순종하던 그들의 조상들이 행하던 길에
서 속히 치우쳐 떠나서 그와 같이 행하지
아니하였더라

18 여호와께서 그들을 위하여 사사들을
세우실 때에는 그 사사와 함께 하셨고 그
사사가 사는 날 동안에는 여호와께서 그
들을 대적의 손에서 구원하셨으니 이는
그들이 대적에게 압박과 괴롭게 함을 받
아 슬피 부르짖으므로 여호와께서 뜻을
돌이키셨음이거늘

13

14

15

16

17

18

19 그 사사가 죽은 후에는 그들이 돌이켜
그들의 조상들보다 더욱 타락하여 다른
신들을 따라 섬기며 그들에게 절하고 그
들의 행위와 패역한 길을 그치지 아니하
였으므로

20 여호와께서 이스라엘에게 진노하여 이
르시되 이 백성이 내가 그들의 조상들에
게 명령한 언약을 어기고 나의 목소리를
순종하지 아니하였은즉

21 나도 여호수아가 죽을 때에 남겨 둔 이
방 민족들을 다시는 그들 앞에서 하나도
쫓아내지 아니하리니

22 이는 이스라엘이 그들의 조상들이 지
킨 것 같이 나 여호와의 도를 지켜 행하나
아니하나 그들을 시험하려 함이라 하시
니라

23 여호와께서 그 이방 민족들을 머물러
두사 그들을 속히 쫓아내지 아니하셨으며
여호수아의 손에 넘겨 주지 아니하셨더라

그 땅에 남겨 두신 사람들

3 여호와께서 가나안의 모든 전쟁들을 알
지 못한 이스라엘을 시험하려 하시며

2 이스라엘 자손의 세대 중에 아직 전쟁
을 알지 못하는 자들에게 그것을 가르쳐
알게 하려 하사 남겨 두신 이방 민족들은

3 블레셋의 다섯 군주들과 모든 가나안
족속과 시돈 족속과 바알 헤르몬 산에서
부터 하맛 입구까지 레바논 산에 거주하
는 히위 족속이라

4 남겨 두신 이 이방 민족들로 이스라엘

19
20
21
22
23
그 땅에 남겨 두신 사람들
3
2
3
4

을 시험하사 여호와께서 모세를 통하여
그들의 조상들에게 이르신 명령들을 순
종하는지 알고자 하셨더라

5 그러므로 이스라엘 자손은 가나안 족
속과 헷 족속과 아모리 족속과 브리스 족
속과 히위 족속과 여부스 족속 가운데에
거주하면서

6 그들의 딸들을 맞아 아내로 삼으며 자
기 딸들을 그들의 아들들에게 주고 또 그
들의 신들을 섬겼더라

사사 옷니엘

7 이스라엘 자손이 여호와의 목전에 악
을 행하여 자기들의 하나님 여호와를 잊
어버리고 바알들과 아세라들을 섬긴지라

8 여호와께서 이스라엘에게 진노하사
그들을 메소보다미아 왕 구산 리사다임
의 손에 파셨으므로 이스라엘 자손이 구
산 리사다임을 팔 년 동안 섬겼더니

9 이스라엘 자손이 여호와께 부르짖으
매 여호와께서 이스라엘 자손을 위하여
한 구원자를 세워 그들을 구원하게 하시
니 그는 곧 갈렙의 아우 그나스의 아들 옷
니엘이라

10 여호와의 영이 그에게 임하셨으므로
그가 이스라엘의 사사가 되어 나가서 싸
울 때에 여호와께서 메소보다미아 왕 구
산 리사다임을 그의 손에 넘겨 주시매 옷
니엘의 손이 구산 리사다임을 이기니라

11 그 땅이 평온한 지 사십 년에 그나스의
아들 옷니엘이 죽었더라

5

6

사사 옷니엘

7

8

9

10

11

사사 에훗	사사 에훗
12 이스라엘 자손이 또 여호와의 목전에 악을 행하니라 이스라엘 자손이 여호와의 목전에 악을 행하므로 여호와께서 모압 왕 에글론을 강성하게 하사 그들을 대적하게 하시매	12
13 에글론이 암몬과 아말렉 자손들을 모아 가지고 와서 이스라엘을 쳐서 종려나무 성읍을 점령한지라	13
14 이에 이스라엘 자손이 모압 왕 에글론을 열여덟 해 동안 섬기니라	14
15 이스라엘 자손이 여호와께 부르짖으매 여호와께서 그들을 위하여 한 구원자를 세우셨으니 그는 곧 베냐민 사람 게라의 아들 왼손잡이 에훗이라 이스라엘 자손이 그를 통하여 모압 왕 에글론에게 공물을 바칠 때에	15
16 에훗이 길이가 한 규빗 되는 좌우에 날 선 칼을 만들어 그의 오른쪽 허벅지 옷 속에 차고	16
17 공물을 모압 왕 에글론에게 바쳤는데 에글론은 매우 비둔한 자였더라	17
18 에훗이 공물 바치기를 마친 후에 공물을 메고 온 자들을 보내고	18
19 자기는 길갈 근처 돌 뜨는 곳에서부터 돌아와서 이르되 왕이여 내가 은밀한 일을 왕에게 아뢰려 하나이다 하니 왕이 명령하여 조용히 하라 하매 모셔 선 자들이 다 물러간지라	19
20 에훗이 그에게로 들어가니 왕은 서늘	20

한 다락방에 홀로 앉아 있는 중이라 에훗
이 이르되 내가 하나님의 명령을 받들어
왕에게 아뢸 일이 있나이다 하매 왕이 그
의 좌석에서 일어나니

21 에훗이 왼손을 뻗쳐 그의 오른쪽 허벅
지 위에서 칼을 빼어 왕의 몸을 찌르매

22 칼자루도 날을 따라 들어가서 그 끝이
등 뒤까지 나갔고 그가 칼을 그의 몸에서
빼내지 아니하였으므로 기름이 칼날에
엉겼더라

23 에훗이 현관에 나와서 다락문들을 뒤
에서 닫아 잠그니라

24 에훗이 나간 후에 왕의 신하들이 들어
와서 다락문들이 잠겼음을 보고 이르되
왕이 분명히 서늘한 방에서 그의 발을 가
리우신다 하고

25 그들이 오래 기다려도 왕이 다락문들
을 열지 아니하는지라 열쇠를 가지고 열
어 본즉 그들의 군주가 이미 땅에 엎드러
져 죽었더라

26 그들이 기다리는 동안에 에훗이 피하
여 돌 뜨는 곳을 지나 스이라로 도망하니
라

27 그가 이르러 에브라임 산지에서 나팔
을 불매 이스라엘 자손이 산지에서 그를
따라 내려오니 에훗이 앞서 가며

28 그들에게 이르되 나를 따르라 여호와
께서 너희의 원수들인 모압을 너희의 손에
넘겨 주셨느니라 하매 무리가 에훗을 따라
내려가 모압 맞은편 요단 강 나루를 장악

21

22

23

24

25

26

27

28

하여 한 사람도 건너지 못하게 하였고
29 **그 때에 모압 사람 약 만 명을 죽였으**
니 모두 장사요 모두 용사라 한 사람도 도
망하지 못하였더라
30 **그 날에 모압이 이스라엘 수하에 굴복**
하매 그 땅이 팔십 년 동안 평온하였더라

사사 삼갈

31 **에훗 후에는 아낫의 아들 삼갈이 있어**
소 모는 막대기로 블레셋 사람 육백 명을
죽였고 그도 이스라엘을 구원하였더라

사사 드보라

4 **에훗이 죽으니 이스라엘 자손이 또**
여호와의 목전에 악을 행하매
2 **여호와께서 하솔에서 통치하는 가나**
안 왕 야빈의 손에 그들을 파셨으니 그의
군대 장관은 하로셋 학고임에 거주하는
시스라요
3 **야빈 왕은 철 병거 구백 대가 있어 이**
십 년 동안 이스라엘 자손을 심히 학대했
으므로 이스라엘 자손이 여호와께 부르
짖었더라
4 **그 때에 랍비돗의 아내 여선지자 드보**
라가 이스라엘의 사사가 되었는데
5 **그는 에브라임 산지 라마와 벧엘 사이**
드보라의 종려나무 아래에 거주하였고
이스라엘 자손은 그에게 나아가 재판을
받더라
6 **드보라가 사람을 보내어 아비노암의**
아들 바락을 납달리 게데스에서 불러다
가 그에게 이르되 이스라엘의 하나님 여

29
30
사사 삼갈
31
사사 드보라
4
2
3
4
5
6

호와께서 이같이 명령하지 아니하셨느냐
너는 납달리 자손과 스불론 자손 만 명을
거느리고 다볼 산으로 가라

7 내가 야빈의 군대 장관 시스라와 그의
병거들과 그의 무리를 기손 강으로 이끌
어 네게 이르게 하고 그를 네 손에 넘겨
주리라 하셨느니라

8 바락이 그에게 이르되 만일 당신이 나
와 함께 가면 내가 가려니와 만일 당신이
나와 함께 가지 아니하면 나도 가지 아니
하겠노라 하니

9 이르되 내가 반드시 너와 함께 가리라
그러나 네가 이번에 가는 길에서는 영광
을 얻지 못하리니 이는 여호와께서 시스
라를 여인의 손에 파실 것임이니라 하고
드보라가 일어나 바락과 함께 게데스로
가니라

10 바락이 스불론과 납달리를 게데스로
부르니 만 명이 그를 따라 올라가고 드보
라도 그와 함께 올라가니라

11 모세의 장인 호밥의 자손 중 겐 사람
헤벨이 자기 족속을 떠나 게데스에 가까
운 사아난님 상수리나무 곁에 이르러 장
막을 쳤더라

12 아비노암의 아들 바락이 다볼 산에 오
른 것을 사람들이 시스라에게 알리매

13 시스라가 모든 병거 곧 철 병거 구백
대와 자기와 함께 있는 모든 백성을 하로
셋학고임에서부터 기손 강으로 모은지라

14 드보라가 바락에게 이르되 일어나라

7

8

9

10

11

12

13

14

이는 여호와께서 시스라를 네 손에 넘겨
주신 날이라 여호와께서 너에 앞서 나가
지 아니하시느냐 하는지라 이에 바락이
만 명을 거느리고 다볼 산에서 내려가니

15 여호와께서 바락 앞에서 시스라와 그
의 모든 병거와 그의 온 군대를 칼날로 혼
란에 빠지게 하시매 시스라가 병거에서
내려 걸어서 도망한지라

16 바락이 그의 병거들과 군대를 추격하
여 하로셋학고임에 이르니 시스라의 온
군대가 다 칼에 엎드러졌고 한 사람도 남
은 자가 없었더라

17 시스라가 걸어서 도망하여 겐 사람 헤
벨의 아내 야엘의 장막에 이르렀으니 이
는 하솔 왕 야빈과 겐 사람 헤벨의 집 사
이에는 화평이 있음이라

18 야엘이 나가 시스라를 영접하며 그에
게 말하되 나의 주여 들어오소서 내게로
들어오시고 두려워하지 마소서 하매 그가
그 장막에 들어가니 야엘이 이불로 그를
덮으니라

19 시스라가 그에게 말하되 청하노니 내
게 물을 조금 마시게 하라 내가 목이 마르
다 하매 우유 부대를 열어 그에게 마시게
하고 그를 덮으니

20 그가 또 이르되 장막 문에 섰다가 만일
사람이 와서 네게 묻기를 여기 어떤 사람
이 있느냐 하거든 너는 없다 하라 하고

21 그가 깊이 잠드니 헤벨의 아내 야엘이

15

16

17

18

19

20

21

장막 말뚝을 가지고 손에 방망이를 들고
그에게로 가만히 가서 말뚝을 그의 관자
놀이에 박으매 말뚝이 꿰뚫고 땅에 박히
니 그가 기절하여 죽으니라

22 바락이 시스라를 추격할 때에 야엘이
나가서 그를 맞아 그에게 이르되 오라 네
가 찾는 그 사람을 내가 네게 보이리라 하
매 바락이 그에게 들어가 보니 시스라가
엎드러져 죽었고 말뚝이 그의 관자놀이
에 박혔더라

23 이와 같이 이 날에 하나님이 가나안 왕
야빈을 이스라엘 자손 앞에 굴복하게 하
신지라

24 이스라엘 자손의 손이 가나안 왕 야빈
을 점점 더 눌러서 마침내 가나안 왕 야빈
을 진멸하였더라

드보라와 바락의 노래

5 이 날에 드보라와 아비노암의 아들 바
락이 노래하여 이르되

2 이스라엘의 영솔자들이 영솔하였고
백성이 즐거이 헌신하였으니 여호와를
찬송하라

3 너희 왕들아 들으라 통치자들아 귀를
기울이라 나 곧 내가 여호와를 노래할 것
이요 이스라엘의 하나님 여호와를 찬송
하리로다

4 여호와여 주께서 세일에서부터 나오
시고 에돔 들에서부터 진행하실 때에 땅
이 진동하고 하늘이 물을 내리고 구름도
물을 내렸나이다

22

23

24

드보라와 바락의 노래

5

2

3

4

5 산들이 여호와 앞에서 진동하니 저 시
내 산도 이스라엘의 하나님 여호와 앞에
서 진동하였도다

6 아낫의 아들 삼갈의 날에 또는 야엘의
날에는 대로가 비었고 길의 행인들은 오
솔길로 다녔도다

7 이스라엘에는 마을 사람들이 그쳤으
니 나 드보라가 일어나 이스라엘의 어머
니가 되기까지 그쳤도다

8 무리가 새 신들을 택하였으므로 그 때
에 전쟁이 성문에 이르렀으나 이스라엘
의 사만 명 중에 방패와 창이 보였던가

9 내 마음이 이스라엘의 방백을 사모함
은 그들이 백성 중에서 즐거이 헌신하였
음이니 여호와를 찬송하라

10 흰 나귀를 탄 자들, 양탄자에 앉은 자
들, 길에 행하는 자들아 전파할지어다

11 활 쏘는 자들의 소리로부터 멀리 떨어
진 물 긷는 곳에서도 여호와의 공의로우
신 일을 전하라 이스라엘에서 마을 사람
들을 위한 의로우신 일을 노래하라 그 때
에 여호와의 백성이 성문에 내려갔도다

12 깰지어다 깰지어다 드보라여 깰지어
다 깰지어다 너는 노래할지어다 일어날
지어다 바락이여 아비노암의 아들이여
네가 사로잡은 자를 끌고 갈지어다

13 그 때에 남은 귀인과 백성이 내려왔고
여호와께서 나를 위하여 용사를 치시려
고 내려오셨도다

14 에브라임에게서 나온 자들은 아말렉

5
6
7
8
9
10
11
12
13
14

에 뿌리 박힌 자들이요 베냐민은 백성들
중에서 너를 따르는 자들이요 마길에게
서는 명령하는 자들이 내려왔고 스불론
에게서는 대장군의 지팡이를 잡은 자들
이 내려왔도다

15 잇사갈의 방백들이 드보라와 함께 하
니 잇사갈과 같이 바락도 그의 뒤를 따라
골짜기로 달려 내려가니 르우벤 시냇가
에서 큰 결심이 있었도다

16 네가 양의 우리 가운데에 앉아서 목자
의 피리 부는 소리를 들음은 어찌 됨이냐
르우벤 시냇가에서 큰 결심이 있었도다

17 길르앗은 요단 강 저쪽에 거주하며 단
은 배에 머무름이 어찌 됨이냐 아셀은 해
변에 앉으며 자기 항만에 거주하도다

18 스불론은 죽음을 무릅쓰고 목숨을 아
끼지 아니한 백성이요 납달리도 들의 높
은 곳에서 그러하도다

19 왕들이 와서 싸울 때에 가나안 왕들이
므깃도 물 가 다아낙에서 싸웠으나 은을
탈취하지 못하였도다

20 별들이 하늘에서부터 싸우되 그들이
다니는 길에서 시스라와 싸웠도다

21 기손 강은 그 무리를 표류시켰으니 이
기손 강은 옛 강이라 내 영혼아 네가 힘
있는 자를 밟았도다

22 그 때에 군마가 빨리 달리니 말굽 소리
가 땅을 울리도다

23 여호와의 사자의 말씀에 메로스를 저
주하라 너희가 거듭거듭 그 주민들을 저

15

16

17

18

19

20

21

22

23

주할 것은 그들이 와서 여호와를 돕지 아
니하며 여호와를 도와 용사를 치지 아니
함이니라 하시도다

24 겐 사람 헤벨의 아내 야엘은 다른 여인
들보다 복을 받을 것이니 장막에 있는 여
인들보다 더욱 복을 받을 것이로다

25 시스라가 물을 구하매 우유를 주되 곧
엉긴 우유를 귀한 그릇에 담아 주었고

26 손으로 장막 말뚝을 잡으며 오른손에
일꾼들의 방망이를 들고 시스라를 쳐서
그의 머리를 뚫되 곧 그의 관자놀이를 꿰
뚫었도다

27 그가 그의 발 앞에 꾸부러지며 엎드러
지고 쓰러졌고 그의 발 앞에 꾸부러져 엎
드러져서 그 꾸부러진 곳에 엎드러져 죽
었도다

28 시스라의 어머니가 창문을 통하여 바
라보며 창살을 통하여 부르짖기를 그의
병거가 어찌하여 더디 오는가 그의 병거
들의 걸음이 어찌하여 늦어지는가 하매

29 그의 지혜로운 시녀들이 대답하였겠
고 그도 스스로 대답하기를

30 그들이 어찌 노략물을 얻지 못하였으
랴 그것을 나누지 못하였으랴 사람마다
한두 처녀를 얻었으리로다 시스라는 채
색 옷을 노략하였으리니 그것은 수 놓은
채색 옷이리로다 곧 양쪽에 수 놓은 채색
옷이리니 노략한 자의 목에 꾸미리로다
하였으리라

31 여호와여 주의 원수들은 다 이와 같이

망하게 하시고 주를 사랑하는 자들은 해
가 힘 있게 돋음 같게 하시옵소서 하니라
그 땅이 사십 년 동안 평온하였더라

사사 기드온

6 이스라엘 자손이 또 여호와의 목전에
악을 행하였으므로 여호와께서 칠 년
동안 그들을 미디안의 손에 넘겨 주시니
2 미디안의 손이 이스라엘을 이긴지라
이스라엘 자손이 미디안으로 말미암아
산에서 웅덩이와 굴과 산성을 자기들을
위하여 만들었으며
3 이스라엘이 파종한 때면 미디안과 아
말렉과 동방 사람들이 치러 올라와서
4 진을 치고 가사에 이르도록 토지 소산
을 멸하여 이스라엘 가운데에 먹을 것을
남겨 두지 아니하며 양이나 소나 나귀도
남기지 아니하니
5 이는 그들이 그들의 짐승과 장막을 가
지고 올라와 메뚜기 떼 같이 많이 들어오
니 그 사람과 낙타가 무수함이라 그들이
그 땅에 들어와 멸하려 하니
6 이스라엘이 미디안으로 말미암아 궁
핍함이 심한지라 이에 이스라엘 자손이
여호와께 부르짖었더라
7 이스라엘 자손이 미디안으로 말미암
아 여호와께 부르짖었으므로
8 여호와께서 이스라엘 자손에게 한 선
지자를 보내시니 그가 그들에게 이르되
여호와께서 이같이 말씀하시기를 이스라
엘의 하나님 내가 너희를 애굽에서 인도

사사 기드온

6

2

3

4

5

6

7

8

하여 내며 너희를 그 종 되었던 집에서 나
오게 하여

9 애굽 사람의 손과 너희를 학대하는 모
든 자의 손에서 너희를 건져내고 그들을
너희 앞에서 쫓아내고 그 땅을 너희에게
주었으며

10 내가 또 너희에게 이르기를 나는 너희
의 하나님 여호와이니 너희가 거주하는
아모리 사람의 땅의 신들을 두려워하지
말라 하였으나 너희가 내 목소리를 듣지
아니하였느니라 하셨다 하니라

11 여호와의 사자가 아비에셀 사람 요아
스에게 속한 오브라에 이르러 상수리나
무 아래에 앉으니라 마침 요아스의 아들
기드온이 미디안 사람에게 알리지 아니
하려 하여 밀을 포도주 틀에서 타작하더
니

12 여호와의 사자가 기드온에게 나타나
이르되 큰 용사여 여호와께서 너와 함께
계시도다 하매

13 기드온이 그에게 대답하되 오 나의 주
여 여호와께서 우리와 함께 계시면 어찌
하여 이 모든 일이 우리에게 일어났나이
까 또 우리 조상들이 일찍이 우리에게 이
르기를 여호와께서 우리를 애굽에서 올
라오게 하신 것이 아니냐 한 그 모든 이적
이 어디 있나이까 이제 여호와께서 우리
를 버리사 미디안의 손에 우리를 넘겨 주
셨나이다 하니

14 여호와께서 그를 향하여 이르시되 너

는 가서 이 너의 힘으로 이스라엘을 미디
안의 손에서 구원하라 내가 너를 보낸 것
이 아니냐 하시니라

15 그러나 기드온이 그에게 대답하되 오
주여 내가 무엇으로 이스라엘을 구원하리
이까 보소서 나의 집은 므낫세 중에 극히
약하고 나는 내 아버지 집에서 가장 작은
자니이다 하니

16 여호와께서 그에게 이르시되 내가 반
드시 너와 함께 하리니 네가 미디안 사람
치기를 한 사람을 치듯 하리라 하시니라

17 기드온이 그에게 대답하되 만일 내가
주께 은혜를 얻었사오면 나와 말씀하신
이가 주 되시는 표징을 내게 보이소서

18 내가 예물을 가지고 다시 주께로 와서
그것을 주 앞에 드리기까지 이 곳을 떠나
지 마시기를 원하나이다 하니 그가 이르
되 내가 너 돌아올 때까지 머무르리라 하
니라

19 기드온이 가서 염소 새끼 하나를 준비
하고 가루 한 에바로 무교병을 만들고 고
기를 소쿠리에 담고 국을 양푼에 담아 상
수리나무 아래 그에게로 가져다가 드리매

20 하나님의 사자가 그에게 이르되 고기와
무교병을 가져다가 이 바위 위에 놓고 국
을 부으라 하니 기드온이 그대로 하니라

21 여호와의 사자가 손에 잡은 지팡이 끝
을 내밀어 고기와 무교병에 대니 불이 바
위에서 나와 고기와 무교병을 살랐고 여
호와의 사자는 떠나서 보이지 아니한지라

22 기드온이 그가 여호와의 사자인 줄을
알고 이르되 슬프도소이다 주 여호와여
내가 여호와의 사자를 대면하여 보았나이
다 하니

23 여호와께서 그에게 이르시되 너는 안
심하라 두려워하지 말라 죽지 아니하리
라 하시니라

24 기드온이 여호와를 위하여 거기서 제
단을 쌓고 그것을 여호와 살롬이라 하였
더라 그것이 오늘까지 아비에셀 사람에
게 속한 오브라에 있더라

25 그 날 밤에 여호와께서 기드온에게 이
르시되 네 아버지에게 있는 수소 곧 칠 년
된 둘째 수소를 끌어 오고 네 아버지에게
있는 바알의 제단을 헐며 그 곁의 아세라
상을 찍고

26 또 이 산성 꼭대기에 네 하나님 여호와
를 위하여 규례대로 한 제단을 쌓고 그 둘
째 수소를 잡아 네가 찍은 아세라 나무로
번제를 드릴지니라 하시니라

27 이에 기드온이 종 열 사람을 데리고 여
호와께서 그에게 말씀하신 대로 행하되
그의 아버지의 가문과 그 성읍 사람들을
두려워하므로 이 일을 감히 낮에 행하지
못하고 밤에 행하니라

28 그 성읍 사람들이 아침에 일찍이 일어
나 본즉 바알의 제단이 파괴되었으며 그
곁의 아세라가 찍혔고 새로 쌓은 제단 위
에 그 둘째 수소를 드렸는지라

29 서로 물어 이르되 이것이 누구의 소행

22

23

24

25

26

27

28

29

인가 하고 그들이 캐어 물은 후에 이르되
요아스의 아들 기드온이 이를 행하였도
다 하고

30 성읍 사람들이 요아스에게 이르되 네
아들을 끌어내라 그는 당연히 죽을지니
이는 바알의 제단을 파괴하고 그 곁의 아
세라를 찍었음이니라 하니

31 요아스가 자기를 둘러선 모든 자에게
이르되 너희가 바알을 위하여 다투느냐
너희가 바알을 구원하겠느냐 그를 위하
여 다투는 자는 아침까지 죽임을 당하리
라 바알이 과연 신일진대 그의 제단을 파
괴하였은즉 그가 자신을 위해 다툴 것이
니라 하니라

32 그 날에 기드온을 여룹바알이라 불렀
으니 이는 그가 바알의 제단을 파괴하였
으므로 바알이 그와 더불어 다툴 것이라
함이었더라

33 그 때에 미디안과 아말렉과 동방 사람
들이 다 함께 모여 요단 강을 건너와서 이
스르엘 골짜기에 진을 친지라

34 여호와의 영이 기드온에게 임하시니
기드온이 나팔을 불매 아비에셀이 그의
뒤를 따라 부름을 받으니라

35 기드온이 또 사자들을 온 므낫세에 두
루 보내매 그들도 모여서 그를 따르고 또
사자들을 아셀과 스불론과 납달리에 보
내매 그 무리도 올라와 그를 영접하더라

36 기드온이 하나님께 여쭈되 주께서 이
미 말씀하심 같이 내 손으로 이스라엘을

30

31

32

33

34

35

36

구원하시려거든
37 보소서 내가 양털 한 뭉치를 타작 마당
에 두리니 만일 이슬이 양털에만 있고 주
변 땅은 마르면 주께서 이미 말씀하심 같
이 내 손으로 이스라엘을 구원하실 줄을
내가 알겠나이다 하였더니
38 그대로 된지라 이튿날 기드온이 일찍
이 일어나서 양털을 가져다가 그 양털에
서 이슬을 짜니 물이 그릇에 가득하더라
39 기드온이 또 하나님께 여쭈되 주여 내
게 노하지 마옵소서 내가 이번만 말하리
이다 구하옵나니 내게 이번만 양털로 시
험하게 하소서 원하건대 양털만 마르고
그 주변 땅에는 다 이슬이 있게 하옵소서
하였더니
40 그 밤에 하나님이 그대로 행하시니 곧
양털만 마르고 그 주변 땅에는 다 이슬이
있었더라

기드온이 미디안을 치다

7 여룹바알이라 하는 기드온과 그를 따
르는 모든 백성이 일찍이 일어나 하롯
샘 곁에 진을 쳤고 미디안의 진영은 그들
의 북쪽이요 모레 산 앞 골짜기에 있었더
라
2 여호와께서 기드온에게 이르시되 너를
따르는 백성이 너무 많은즉 내가 그들의
손에 미디안 사람을 넘겨 주지 아니하리
니 이는 이스라엘이 나를 거슬러 스스로
자랑하기를 내 손이 나를 구원하였다 할
까 함이니라

37

38

39

40

기드온이 미디안을 치다

7

2

3 이제 너는 백성의 귀에 외쳐 이르기를
누구든지 두려워 떠는 자는 길르앗 산을
떠나 돌아가라 하라 하시니 이에 돌아간
백성이 이만 이천 명이요 남은 자가 만 명
이었더라

4 여호와께서 또 기드온에게 이르시되
백성이 아직도 많으니 그들을 인도하여
물 가로 내려가라 거기서 내가 너를 위하
여 그들을 시험하리라 내가 누구를 가리
켜 네게 이르기를 이 사람이 너와 함께 가
리라 하면 그는 너와 함께 갈 것이요 내가
누구를 가리켜 네게 이르기를 이 사람은
너와 함께 가지 말 것이니라 하면 그는 가
지 말 것이니라 하신지라

5 이에 백성을 인도하여 물 가에 내려가
매 여호와께서 기드온에게 이르시되 누
구든지 개가 핥는 것 같이 혀로 물을 핥는
자들을 너는 따로 세우고 또 누구든지 무
릎을 꿇고 마시는 자들도 그와 같이 하라
하시더니

6 손으로 움켜 입에 대고 핥는 자의 수는
삼백 명이요 그 외의 백성은 다 무릎을 꿇
고 물을 마신지라

7 여호와께서 기드온에게 이르시되 내가
이 물을 핥아 먹은 삼백 명으로 너희를 구
원하며 미디안을 네 손에 넘겨 주리니 남은
백성은 각각 자기의 처소로 돌아갈 것이니
라 하시니

8 이에 백성이 양식과 나팔을 손에 든지
라 기드온이 이스라엘 모든 백성을 각각

3

4

5

6

7

8

그의 장막으로 돌려보내고 그 삼백 명은
머물게 하니라 미디안 진영은 그 아래 골
짜기 가운데에 있었더라

9 그 밤에 여호와께서 기드온에게 이르
시되 일어나 진영으로 내려가라 내가 그
것을 네 손에 넘겨 주었느니라

10 만일 네가 내려가기를 두려워하거든
네 부하 부라와 함께 그 진영으로 내려가
서

11 그들이 하는 말을 들으라 그 후에 네
손이 강하여져서 그 진영으로 내려가리라
하시니 기드온이 이에 그의 부하 부라와
함께 군대가 있는 진영 근처로 내려간즉

12 미디안과 아말렉과 동방의 모든 사람
들이 골짜기에 누웠는데 메뚜기의 많은
수와 같고 그들의 낙타의 수가 많아 해변
의 모래가 많음 같은지라

13 기드온이 그 곳에 이른즉 어떤 사람이
그의 친구에게 꿈을 말하여 이르기를 보
라 내가 한 꿈을 꾸었는데 꿈에 보리떡 한
덩어리가 미디안 진영으로 굴러 들어와
한 장막에 이르러 그것을 쳐서 무너뜨려
위쪽으로 엎으니 그 장막이 쓰러지더라

14 그의 친구가 대답하여 이르되 이는 다
른 것이 아니라 이스라엘 사람 요아스의
아들 기드온의 칼이라 하나님이 미디안
과 그 모든 진영을 그의 손에 넘겨 주셨느
니라 하더라

15 기드온이 그 꿈과 해몽하는 말을 듣고
경배하며 이스라엘 진영으로 돌아와 이르

9

10

11

12

13

14

15

되 일어나라 여호와께서 미디안과 그 모든
진영을 너희 손에 넘겨 주셨느니라 하고
16 삼백 명을 세 대로 나누어 각 손에 나
팔과 빈 항아리를 들리고 항아리 안에는
횃불을 감추게 하고
17 그들에게 이르되 너희는 나만 보고 내
가 하는 대로 하되 내가 그 진영 근처에
이르러서 내가 하는 대로 너희도 그리하
여
18 나와 나를 따르는 자가 다 나팔을 불거
든 너희도 모든 진영 주위에서 나팔을 불
며 이르기를 여호와를 위하라, 기드온을
위하라 하라 하니라
19 기드온과 그와 함께 한 백 명이 이경
초에 진영 근처에 이른즉 바로 파수꾼들
을 교대한 때라 그들이 나팔을 불며 손에
가졌던 항아리를 부수니라
20 세 대가 나팔을 불며 항아리를 부수고
왼손에 횃불을 들고 오른손에 나팔을 들
어 불며 외쳐 이르되 여호와와 기드온의
칼이다 하고
21 각기 제자리에 서서 그 진영을 에워싸
매 그 온 진영의 군사들이 뛰고 부르짖으
며 도망하였는데
22 삼백 명이 나팔을 불 때에 여호와께서
그 온 진영에서 친구끼리 칼로 치게 하시
므로 적군이 도망하여 스레라의 벧 싯다
에 이르고 또 답밧에 가까운 아벨므홀라
의 경계에 이르렀으며
23 이스라엘 사람들은 납달리와 아셀과

16

17

18

19

20

21

22

23

온 므낫세에서부터 부름을 받고 미디안
을 추격하였더라

24 기드온이 사자들을 보내서 에브라임
온 산지로 두루 다니게 하여 이르기를 내
려와서 미디안을 치고 그들을 앞질러 벧
바라와 요단 강에 이르는 수로를 점령하
라 하매 이에 에브라임 사람들이 다 모여
벧 바라와 요단 강에 이르는 수로를 점령
하고

25 또 미디안의 두 방백 오렙과 스엡을 사
로잡아 오렙은 오렙 바위에서 죽이고 스
엡은 스엡 포도주 틀에서 죽이고 미디안
을 추격하였고 오렙과 스엡의 머리를 요
단 강 건너편에서 기드온에게 가져왔더
라

기드온이 죽인 미디안 왕들

8 에브라임 사람들이 기드온에게 이르
되 네가 미디안과 싸우러 갈 때에 우
리를 부르지 아니하였으니 우리를 이같이
대접함은 어찌 됨이냐 하고 그와 크게 다
투는지라

2 기드온이 그들에게 이르되 내가 이제
행한 일이 너희가 한 것에 비교되겠느냐
에브라임의 끝물 포도가 아비에셀의 맏
물 포도보다 낫지 아니하냐

3 하나님이 미디안의 방백 오렙과 스엡
을 너희 손에 넘겨 주셨으니 내가 한 일이
어찌 능히 너희가 한 것에 비교되겠느냐
하니라 기드온이 이 말을 하매 그 때에 그
들의 노여움이 풀리니라

24

25

기드온이 죽인 미디안 왕들

8

2

3

4 기드온과 그와 함께 한 자 삼백 명이
요단 강에 이르러 건너고 비록 피곤하나
추격하며

5 그가 숙곳 사람들에게 이르되 나를 따
르는 백성이 피곤하니 청하건대 그들에
게 떡덩이를 주라 나는 미디안의 왕들인
세바와 살문나의 뒤를 추격하고 있노라
하니

6 숙곳의 방백들이 이르되 세바와 살문
나의 손이 지금 네 손 안에 있다는거냐 어
찌 우리가 네 군대에게 떡을 주겠느냐 하
는지라

7 기드온이 이르되 그러면 여호와께서
세바와 살문나를 내 손에 넘겨 주신 후에
내가 들가시와 찔레로 너희 살을 찢으리
라 하고

8 거기서 브누엘로 올라가서 그들에게
도 그같이 구한즉 브누엘 사람들의 대답
도 숙곳 사람들의 대답과 같은지라

9 기드온이 또 브누엘 사람들에게 말하
여 이르되 내가 평안히 돌아올 때에 이 망
대를 헐리라 하니라

10 이 때에 세바와 살문나가 갈골에 있는
데 동방 사람의 모든 군대 중에 칼 든 자
십이만 명이 죽었고 그 남은 만 오천 명
가량은 그들을 따라와서 거기에 있더라

11 적군이 안심하고 있는 중에 기드온이
노바와 욕브하 동쪽 장막에 거주하는 자
의 길로 올라가서 그 적진을 치니

12 세바와 살문나가 도망하는지라 기드

4

5

6

7

8

9

10

11

12

온이 그들의 뒤를 추격하여 미디안의 두
왕 세바와 살문나를 사로잡고 그 온 진영
을 격파하니라

13 요아스의 아들 기드온이 헤레스 비탈
전장에서 돌아오다가

14 숙곳 사람 중 한 소년을 잡아 그를 심
문하매 그가 숙곳의 방백들과 장로들 칠
십칠 명을 그에게 적어 준지라

15 기드온이 숙곳 사람들에게 이르러 말
하되 너희가 전에 나를 희롱하여 이르기
를 세바와 살문나의 손이 지금 네 손 안에
있다는거냐 어찌 우리가 네 피곤한 사람
들에게 떡을 주겠느냐 한 그 세바와 살문
나를 보라 하고

16 그 성읍의 장로들을 붙잡아 들가시와
찔레로 숙곳 사람들을 징벌하고

17 브누엘 망대를 헐며 그 성읍 사람들을
죽이니라

18 이에 그가 세바와 살문나에게 말하되
너희가 다볼에서 죽인 자들은 어떠한 사람
들이더냐 하니 대답하되 그들이 너와 같아
서 하나 같이 왕자들의 모습과 같더라 하
니라

19 그가 이르되 그들은 내 형제들이며 내
어머니의 아들들이니라 여호와께서 살아
계심을 두고 맹세하노니 너희가 만일 그
들을 살렸더라면 나도 너희를 죽이지 아
니하였으리라 하고

20 그의 맏아들 여델에게 이르되 일어나
그들을 죽이라 하였으나 그 소년이 그의

칼을 빼지 못하였으니 이는 아직 어려서
두려워함이었더라

21 세바와 살문나가 이르되 네가 일어나
우리를 치라 사람이 어떠하면 그의 힘도
그러하니라 하니 기드온이 일어나 세바
와 살문나를 죽이고 그들의 낙타 목에 있
던 초승달 장식들을 떼어서 가지니라

22 그 때에 이스라엘 사람들이 기드온에
게 이르되 당신이 우리를 미디안의 손에
서 구원하셨으니 당신과 당신의 아들과
당신의 손자가 우리를 다스리소서 하는
지라

23 기드온이 그들에게 이르되 내가 너희
를 다스리지 아니하겠고 나의 아들도 너
희를 다스리지 아니할 것이요 여호와께
서 너희를 다스리시리라 하니라

24 기드온이 또 그들에게 이르되 내가 너
희에게 요청할 일이 있으니 너희는 각기
탈취한 귀고리를 내게 줄지니라 하였으
니 이는 그들이 이스마엘 사람들이므로
금 귀고리가 있었음이라

25 무리가 대답하되 우리가 즐거이 드리
리이다 하고 겉옷을 펴고 각기 탈취한 귀
고리를 그 가운데에 던지니

26 기드온이 요청한 금 귀고리의 무게가
금 천칠백 세겔이요 그 외에 또 초승달 장
식들과 패물과 미디안 왕들이 입었던 자
색 의복과 또 그 외에 그들의 낙타 목에
둘렀던 사슬이 있었더라

27 기드온이 그 금으로 에봇 하나를 만들

21

22

23

24

25

26

27

어 자기의 성읍 오브라에 두었더니 온 이
스라엘이 그것을 음란하게 위하므로 그
것이 기드온과 그의 집에 올무가 되니라
28 미디안이 이스라엘 자손 앞에 복종하
여 다시는 그 머리를 들지 못하였으므로
기드온이 사는 사십 년 동안 그 땅이 평온
하였더라

기드온이 죽다

29 요아스의 아들 여룹바알이 돌아가서
자기 집에 거주하였는데
30 기드온이 아내가 많으므로 그의 몸에
서 낳은 아들이 칠십 명이었고
31 세겜에 있는 그의 첩도 아들을 낳았으
므로 그 이름을 아비멜렉이라 하였더라
32 요아스의 아들 기드온이 나이가 많아
죽으매 아비에셀 사람의 오브라에 있는 그
의 아버지 요아스의 묘실에 장사되었더라
33 기드온이 이미 죽으매 이스라엘 자손
이 돌아서서 바알들을 따라가 음행하였으
며 또 바알브릿을 자기들의 신으로 삼고
34 이스라엘 자손이 주위의 모든 원수들
의 손에서 자기들을 건져내신 여호와 자
기들의 하나님을 기억하지 아니하며
35 또 여룹바알이라 하는 기드온이 이스
라엘에 베푼 모든 은혜를 따라 그의 집을
후대하지도 아니하였더라

아비멜렉

9 여룹바알의 아들 아비멜렉이 세겜에
가서 그의 어머니의 형제에게 이르러
그들과 그의 외조부의 집의 온 가족에게

28
기드온이 죽다
29
30
31
32
33
34
35
아비멜렉
9

말하여 이르되

2 청하노니 너희는 세겜의 모든 사람들
의 귀에 말하라 여룹바알의 아들 칠십 명
이 다 너희를 다스림과 한 사람이 너희를
다스림이 어느 것이 너희에게 나으냐 또
나는 너희와 골육임을 기억하라 하니

3 그의 어머니의 형제들이 그를 위하여
이 모든 말을 세겜의 모든 사람들의 귀에
말하매 그들의 마음이 아비멜렉에게로
기울어서 이르기를 그는 우리 형제라 하
고

4 바알브릿 신전에서 은 칠십 개를 내어
그에게 주매 아비멜렉이 그것으로 방탕
하고 경박한 사람들을 사서 자기를 따르
게 하고

5 오브라에 있는 그의 아버지의 집으로
가서 여룹바알의 아들 곧 자기 형제 칠십
명을 한 바위 위에서 죽였으되 다만 여룹
바알의 막내 아들 요담은 스스로 숨었으
므로 남으니라

6 세겜의 모든 사람과 밀로 모든 족속이
모여서 세겜에 있는 상수리나무 기둥 곁
에서 아비멜렉을 왕으로 삼으니라

7 사람들이 요담에게 그 일을 알리매 요
담이 그리심 산 꼭대기로 가서 서서 그의
목소리를 높여 그들에게 외쳐 이르되 세
겜 사람들아 내 말을 들으라 그리하여야
하나님이 너희의 말을 들으시리라

8 하루는 나무들이 나가서 기름을 부어
자신들 위에 왕으로 삼으려 하여 감람나

2

3

4

5

6

7

8

무에게 이르되 너는 우리 위에 왕이 되라
하매
9 감람나무가 그들에게 이르되 내게 있
는 나의 기름은 하나님과 사람을 영화롭
게 하나니 내가 어찌 그것을 버리고 가서
나무들 위에 우쭐대리요 한지라
10 나무들이 또 무화과나무에게 이르되
너는 와서 우리 위에 왕이 되라 하매
11 무화과나무가 그들에게 이르되 나의
단 것과 나의 아름다운 열매를 내가 어찌
버리고 가서 나무들 위에 우쭐대리요 한
지라
12 나무들이 또 포도나무에게 이르되 너
는 와서 우리 위에 왕이 되라 하매
13 포도나무가 그들에게 이르되 하나님
과 사람을 기쁘게 하는 내 포도주를 내가
어찌 버리고 가서 나무들 위에 우쭐대리
요 한지라
14 이에 모든 나무가 가시나무에게 이르
되 너는 와서 우리 위에 왕이 되라 하매
15 가시나무가 나무들에게 이르되 만일
너희가 참으로 내게 기름을 부어 너희 위
에 왕으로 삼겠거든 와서 내 그늘에 피하
라 그리하지 아니하면 불이 가시나무에
서 나와서 레바논의 백향목을 사를 것이
니라 하였느니라
16 이제 너희가 아비멜렉을 세워 왕으로
삼았으니 너희가 행한 것이 과연 진실하
고 의로우냐 이것이 여룹바알과 그의 집
을 선대함이냐 이것이 그의 손이 행한 대

로 그에게 보답함이냐
17 우리 아버지가 전에 죽음을 무릅쓰고
너희를 위하여 싸워 미디안의 손에서 너
희를 건져냈거늘
18 너희가 오늘 일어나 우리 아버지의 집
을 쳐서 그의 아들 칠십 명을 한 바위 위
에서 죽이고 그의 여종의 아들 아비멜렉
이 너희 형제가 된다고 그를 세워 세겜 사
람들 위에 왕으로 삼았도다
19 만일 너희가 오늘 여룹바알과 그의 집
을 대접한 것이 진실하고 의로운 일이면
너희가 아비멜렉으로 말미암아 기뻐할
것이요 아비멜렉도 너희로 말미암아 기
뻐하려니와
20 그렇지 아니하면 아비멜렉에게서 불
이 나와서 세겜 사람들과 밀로의 집을 사
를 것이요 세겜 사람들과 밀로의 집에서
도 불이 나와 아비멜렉을 사를 것이니라
하고
21 요담이 그의 형제 아비멜렉 앞에서 도
망하여 피해서 브엘로 가서 거기에 거주
하니라
22 아비멜렉이 이스라엘을 다스린 지 삼
년에
23 하나님이 아비멜렉과 세겜 사람들 사
이에 악한 영을 보내시매 세겜 사람들이
아비멜렉을 배반하였으니
24 이는 여룹바알의 아들 칠십 명에게 저
지른 포학한 일을 갚되 그들을 죽여 피 흘
린 죄를 그들의 형제 아비멜렉과 아비멜

17

18

19

20

21

22

23

24

렉의 손을 도와 그의 형제들을 죽이게 한
세겜 사람들에게로 돌아가게 하심이라
25 세겜 사람들이 산들의 꼭대기에 사람 25
을 매복시켜 아비멜렉을 엿보게 하고 그
길로 지나는 모든 자를 다 강탈하게 하니
어떤 사람이 그것을 아비멜렉에게 알리
니라
26 에벳의 아들 가알이 그의 형제와 더불 26
어 세겜에 이르니 세겜 사람들이 그를 신
뢰하니라
27 그들이 밭에 가서 포도를 거두어다가 27
밟아 짜서 연회를 베풀고 그들의 신당에
들어가서 먹고 마시며 아비멜렉을 저주
하니
28 에벳의 아들 가알이 이르되 아비멜렉 28
은 누구며 세겜은 누구기에 우리가 아비
멜렉을 섬기리요 그가 여룹바알의 아들이
아니냐 그의 신복은 스불이 아니냐 차라
리 세겜의 아버지 하몰의 후손을 섬길 것
이라 우리가 어찌 아비멜렉을 섬기리요
29 이 백성이 내 수하에 있었더라면 내가 29
아비멜렉을 제거하였으리라 하고 아비멜
렉에게 이르되 네 군대를 증원해서 나오
라 하니라
30 그 성읍의 방백 스불이 에벳의 아들 가 30
알의 말을 듣고 노하여
31 사자들을 아비멜렉에게 가만히 보내 31
어 이르되 보소서 에벳의 아들 가알과 그
의 형제들이 세겜에 이르러 그 성읍이 당
신을 대적하게 하니

32 당신은 당신과 함께 있는 백성과 더불
어 밤에 일어나 밭에 매복하였다가
33 아침 해 뜰 때에 당신이 일찍 일어나
이 성읍을 엄습하면 가알 및 그와 함께 있
는 백성이 나와서 당신을 대적하리니 당
신은 기회를 보아 그에게 행하소서 하니
34 아비멜렉과 그와 함께 있는 모든 백성
이 밤에 일어나 네 떼로 나누어 세겜에 맞
서 매복하였더니
35 에벳의 아들 가알이 나와서 성읍 문 입
구에 설 때에 아비멜렉과 그와 함께 있는
백성이 매복하였던 곳에서 일어난지라
36 가알이 그 백성을 보고 스불에게 이르
되 보라 백성이 산 꼭대기에서부터 내려
오는도다 하니 스불이 그에게 이르되 네
가 산 그림자를 사람으로 보았느니라 하
는지라
37 가알이 다시 말하여 이르되 보라 백성
이 밭 가운데를 따라 내려오고 또 한 떼는
므오느님 상수리나무 길을 따라 오는도
다 하니
38 스불이 그에게 이르되 네가 전에 말하
기를 아비멜렉이 누구이기에 우리가 그
를 섬기리요 하던 그 입이 이제 어디 있느
냐 이들이 네가 업신여기던 그 백성이 아
니냐 청하노니 이제 나가서 그들과 싸우
라 하니
39 가알이 세겜 사람들보다 앞에 서서 나
가 아비멜렉과 싸우다가
40 아비멜렉이 그를 추격하니 그 앞에서

32

33

34

35

36

37

38

39

40

도망하였고 부상하여 엎드러진 자가 많
아 성문 입구까지 이르렀더라

41 아비멜렉은 아루마에 거주하고 스불
은 가알과 그의 형제들을 쫓아내어 세겜
에 거주하지 못하게 하더니

42 이튿날 백성이 밭으로 나오매 사람들
이 그것을 아비멜렉에게 알리니라

43 아비멜렉이 자기 백성을 세 무리로 나
누어 밭에 매복시켰더니 백성이 성에서
나오는 것을 보고 일어나 그들을 치되

44 아비멜렉과 그 떼는 돌격하여 성문 입
구에 서고 두 무리는 밭에 있는 자들에게
돌격하여 그들을 죽이니

45 아비멜렉이 그 날 종일토록 그 성을 쳐
서 마침내는 점령하고 거기 있는 백성을
죽이며 그 성을 헐고 소금을 뿌리니라

46 세겜 망대의 모든 사람들이 이를 듣고
엘브릿 신전의 보루로 들어갔더니

47 세겜 망대의 모든 사람들이 모인 것이
아비멜렉에게 알려지매

48 아비멜렉 및 그와 함께 있는 모든 백성
이 살몬 산에 오르고 아비멜렉이 손에 도
끼를 들고 나뭇가지를 찍어 그것을 들어
올려 자기 어깨에 메고 그와 함께 있는 백
성에게 이르되 너희는 내가 행하는 것을
보나니 빨리 나와 같이 행하라 하니

49 모든 백성들도 각각 나뭇가지를 찍어
서 아비멜렉을 따라 보루 위에 놓고 그것
들이 얹혀 있는 보루에 불을 놓으매 세겜
망대에 있는 사람들이 다 죽었으니 남녀

41

42

43

44

45

46

47

48

49

가 약 천 명이었더라
50 아비멜렉이 데베스에 가서 데베스에
맞서 진 치고 그것을 점령하였더니
51 성읍 중에 견고한 망대가 있으므로 그
성읍 백성의 남녀가 모두 그리로 도망하
여 들어가서 문을 잠그고 망대 꼭대기로
올라간지라
52 아비멜렉이 망대 앞에 이르러 공격하
며 망대의 문에 가까이 나아가서 그것을
불사르려 하더니
53 한 여인이 맷돌 위짝을 아비멜렉의 머
리 위에 내려 던져 그의 두개골을 깨뜨리
니
54 아비멜렉이 자기의 무기를 든 청년을
급히 불러 그에게 이르되 너는 칼을 빼어
나를 죽이라 사람들이 나를 가리켜 이르
기를 여자가 그를 죽였다 할까 하노라 하
니 그 청년이 그를 찌르매 그가 죽은지라
55 이스라엘 사람들이 아비멜렉이 죽은
것을 보고 각각 자기 처소로 떠나갔더라
56 아비멜렉이 그의 형제 칠십 명을 죽여
자기 아버지에게 행한 악행을 하나님이
이같이 갚으셨고
57 또 세겜 사람들의 모든 악행을 하나님
이 그들의 머리에 갚으셨으니 여룹바알의
아들 요담의 저주가 그들에게 응하니라

사사 돌라

10 아비멜렉의 뒤를 이어서 잇사갈 사
람 도도의 손자 부아의 아들 돌라
가 일어나서 이스라엘을 구원하니라 그

50
51
52
53
54
55
56
57
사사 돌라
10

가 에브라임 산지 사밀에 거주하면서
2 이스라엘의 사사가 된 지 이십삼 년 만
에 죽으매 사밀에 장사되었더라

사사 야일

3 그 후에 길르앗 사람 야일이 일어나서
이십이 년 동안 이스라엘의 사사가 되니
라
4 그에게 아들 삼십 명이 있어 어린 나귀
삼십을 탔고 성읍 삼십을 가졌는데 그 성
읍들은 길르앗 땅에 있고 오늘까지 하봇
야일이라 부르더라
5 야일이 죽으매 가몬에 장사되었더라

사사 입다

6 이스라엘 자손이 다시 여호와의 목전
에 악을 행하여 바알들과 아스다롯과 아
람의 신들과 시돈의 신들과 모압의 신들
과 암몬 자손의 신들과 블레셋 사람들의
신들을 섬기고 여호와를 버리고 그를 섬
기지 아니하므로
7 여호와께서 이스라엘에게 진노하사
블레셋 사람들의 손과 암몬 자손의 손에
그들을 파시매
8 그 해에 그들이 요단 강 저쪽 길르앗에
있는 아모리 족속의 땅에 있는 모든 이스
라엘 자손을 쳤으며 열여덟 해 동안 억압
하였더라
9 암몬 자손이 또 요단을 건너서 유다와
베냐민과 에브라임 족속과 싸우므로 이
스라엘의 곤고가 심하였더라
10 이스라엘 자손이 여호와께 부르짖어

2
사사 야일
3
4
5
사사 입다
6
7
8
9
10

이르되 우리가 우리 하나님을 버리고 바
알들을 섬김으로 주께 범죄하였나이다
하니

11 여호와께서 이스라엘 자손에게 이르
시되 내가 애굽 사람과 아모리 사람과 암
몬 자 손과 블레셋 사람에게서 너희를 구
원하지 아니하였느냐

12 또 시돈 사람과 아말렉 사람과 마온 사
람이 너희를 압제할 때에 너희가 내게 부
르짖으므로 내가 너희를 그들의 손에서
구원하였거늘

13 너희가 나를 버리고 다른 신들을 섬기
니 그러므로 내가 다시는 너희를 구원하
지 아니하리라

14 가서 너희가 택한 신들에게 부르짖어
너희의 환난 때에 그들이 너희를 구원하
게 하라 하신지라

15 이스라엘 자손이 여호와께 여쭈되 우
리가 범죄하였사오니 주께서 보시기에
좋은 대로 우리에게 행하시려니와 오직
주께 구하옵나니 오늘 우리를 건져내옵
소서 하고

16 자기 가운데에서 이방 신들을 제하여
버리고 여호와를 섬기매 여호와께서 이
스라엘의 곤고로 말미암아 마음에 근심
하시니라

17 그 때에 암몬 자손이 모여서 길르앗에
진을 쳤으므로 이스라엘 자손도 모여서
미스바에 진을 치고

18 길르앗 백성과 방백들이 서로 이르되

11

12

13

14

15

16

17

18

누가 먼저 나가서 암몬 자손과 싸움을 시
작하랴 그가 길르앗 모든 주민의 머리가
되리라 하니라

11 길르앗 사람 입다는 큰 용사였으니
기생이 길르앗에게서 낳은 아들이었
고

2 길르앗의 아내도 그의 아들들을 낳았
더라 그 아내의 아들들이 자라매 입다를
쫓아내며 그에게 이르되 너는 다른 여인
의 자식이니 우리 아버지의 집에서 기업
을 잇지 못하리라 한지라

3 이에 입다가 그의 형제들을 피하여 돕
땅에 거주하매 잡류가 그에게로 모여 와
서 그와 함께 출입하였더라

4 얼마 후에 암몬 자손이 이스라엘을 치
려 하니라

5 암몬 자손이 이스라엘을 치려 할 때에
길르앗 장로들이 입다를 데려오려고 돕
땅에 가서

6 입다에게 이르되 우리가 암몬 자손과
싸우려 하니 당신은 와서 우리의 장관이
되라 하니

7 입다가 길르앗 장로들에게 이르되 너
희가 전에 나를 미워하여 내 아버지 집에
서 쫓아내지 아니하였느냐 이제 너희가
환난을 당하였다고 어찌하여 내게 왔느
냐 하니라

8 그러므로 길르앗 장로들이 입다에게
이르되 이제 우리가 당신을 찾아온 것은
우리와 함께 가서 암몬 자손과 싸우게 하

11
2
3
4
5
6
7
8

려 함이니 그리하면 당신이 우리 길르앗
모든 주민의 머리가 되리라 하매

9 입다가 길르앗 장로들에게 이르되 너
희가 나를 데리고 고향으로 돌아가서 암
몬 자손과 싸우게 할 때에 만일 여호와께
서 그들을 내게 넘겨 주시면 내가 과연 너
희의 머리가 되겠느냐 하니

10 길르앗 장로들이 입다에게 이르되 여
호와는 우리 사이의 증인이시니 당신의
말대로 우리가 그렇게 행하리이다 하니
라

11 이에 입다가 길르앗 장로들과 함께 가
니 백성이 그를 자기들의 머리와 장관을
삼은지라 입다가 미스바에서 자기의 말
을 다 여호와 앞에 아뢰니라

12 입다가 암몬 자손의 왕에게 사자들을
보내 이르되 네가 나와 무슨 상관이 있기
에 내 땅을 치러 내게 왔느냐 하니

13 암몬 자손의 왕이 입다의 사자들에게
대답하되 이스라엘이 애굽에서 올라올
때에 아르논에서부터 얍복과 요단까지
내 땅을 점령했기 때문이니 이제 그것을
평화롭게 돌려 달라 하니라

14 입다가 암몬 자손의 왕에게 다시 사자
들을 보내

15 그에게 이르되 입다가 이같이 말하노
라 이스라엘이 모압 땅과 암몬 자손의 땅
을 점령하지 아니하였느니라

16 이스라엘이 애굽에서 올라올 때에 광
야로 행하여 홍해에 이르고 가데스에 이

9

10

11

12

13

14

15

16

르러서는

17 이스라엘이 사자들을 에돔 왕에게 보
내어 이르기를 청하건대 나를 네 땅 가운
데로 지나게 하라 하였으나 에돔 왕이 이
를 듣지 아니하였고 또 그와 같이 사람을
모압 왕에게도 보냈으나 그도 허락하지
아니하므로 이스라엘이 가데스에 머물렀
더니

18 그 후에 광야를 지나 에돔 땅과 모압
땅을 돌아서 모압 땅의 해 뜨는 쪽으로 들
어가 아르논 저쪽에 진 쳤고 아르논은 모
압의 경계이므로 모압 지역 안에는 들어
가지 아니하였으며

19 이스라엘이 헤스본 왕 곧 아모리 족속
의 왕 시혼에게 사자들을 보내어 그에게
이르되 청하건대 우리를 당신의 땅으로
지나 우리의 곳에 이르게 하라 하였으나

20 시혼이 이스라엘을 믿지 아니하여 그
의 지역으로 지나지 못하게 할 뿐 아니라
그의 모든 백성을 모아 야하스에 진 치고
이스라엘을 치므로

21 이스라엘의 하나님 여호와께서 시혼
과 그의 모든 백성을 이스라엘의 손에 넘
겨 주시매 이스라엘이 그들을 쳐서 그 땅
주민 아모리 족속의 온 땅을 점령하되

22 아르논에서부터 얍복까지와 광야에서
부터 요단까지 아모리 족속의 온 지역을
점령하였느니라

23 이스라엘의 하나님 여호와께서 이같
이 아모리 족속을 자기 백성 이스라엘 앞

17

18

19

20

21

22

23

에서 쫓아내셨거늘 네가 그 땅을 얻고자
하는 것이 옳으냐

24 네 신 그모스가 네게 주어 차지하게 한
것을 네가 차지하지 아니하겠느냐 우리
하나님 여호와께서 우리 앞에서 어떤 사
람이든지 쫓아내시면 그것을 우리가 차
지하리라

25 이제 네가 모압 왕 십볼의 아들 발락보
다 더 나은 것이 있느냐 그가 이스라엘과
더불어 다툰 일이 있었느냐 싸운 일이 있
었느냐

26 이스라엘이 헤스본과 그 마을들과 아
로엘과 그 마을들과 아르논 강 가에 있는
모든 성읍에 거주한 지 삼백 년이거늘 그
동안에 너희가 어찌하여 도로 찾지 아니
하였느냐

27 내가 네게 죄를 짓지 아니하였거늘 네
가 나를 쳐서 내게 악을 행하고자 하는도
다 원하건대 심판하시는 여호와께서 오
늘 이스라엘 자손과 암몬 자손 사이에 판
결하시옵소서 하였으나

28 암몬 자손의 왕이 입다가 사람을 보내
어 말한 것을 듣지 아니하였더라

29 이에 여호와의 영이 입다에게 임하시
니 입다가 길르앗과 므낫세를 지나서 길
르앗의 미스베에 이르고 길르앗의 미스베
에서부터 암몬 자손에게로 나아갈 때에

30 그가 여호와께 서원하여 이르되 주께
서 과연 암몬 자손을 내 손에 넘겨 주시면

31 내가 암몬 자손에게서 평안히 돌아올

24

25

26

27

28

29

30

31

때에 누구든지 내 집 문에서 나와서 나를
영접하는 그는 여호와께 돌릴 것이니 내
가 그를 번제물로 드리겠나이다 하니라

32 이에 입다가 암몬 자손에게 이르러 그
들과 싸우더니 여호와께서 그들을 그의
손에 넘겨 주시매

33 아로엘에서부터 민닛에 이르기까지
이십 성읍을 치고 또 아벨 그라밈까지 매
우 크게 무찌르니 이에 암몬 자손이 이스
라엘 자손 앞에 항복하였더라

입다의 딸

34 입다가 미스바에 있는 자기 집에 이를
때에 보라 그의 딸이 소고를 잡고 춤추며
나와서 영접하니 이는 그의 무남독녀라

35 입다가 이를 보고 자기 옷을 찢으며 이
르되 어찌할꼬 내 딸이여 너는 나를 참담
하게 하는 자요 너는 나를 괴롭게 하는 자
중의 하나로다 내가 여호와를 향하여 입
을 열었으니 능히 돌이키지 못하리로다
하니

36 딸이 그에게 이르되 나의 아버지여 아
버지께서 여호와를 향하여 입을 여셨으
니 아버지의 입에서 낸 말씀대로 내게 행
하소서 이는 여호와께서 아버지를 위하
여 아버지의 대적 암몬 자손에게 원수를
갚으셨음이니이다 하니라

37 또 그의 아버지에게 이르되 이 일만 내
게 허락하사 나를 두 달만 버려 두소서 내
가 내 여자 친구들과 산에 가서 나의 처녀
로 죽음을 인하여 애곡하겠나이다 하니

32

33

입다의 딸

34

35

36

37

38 그가 이르되 가라 하고 두 달을 기한하
고 그를 보내니 그가 그 여자 친구들과 가
서 산 위에서 처녀로 죽음을 인하여 애곡
하고

39 두 달 만에 그의 아버지에게로 돌아온
지라 그는 자기가 서원한 대로 딸에게 행
하니 딸이 남자를 알지 못하였더라 이것
이 이스라엘에 관습이 되어

40 이스라엘의 딸들이 해마다 가서 길르
앗 사람 입다의 딸을 위하여 나흘씩 애곡
하더라

입다와 에브라임 사람들

12 에브라임 사람들이 모여 북쪽으로
가서 입다에게 이르되 네가 암몬 자
손과 싸우러 건너갈 때에 어찌하여 우리
를 불러 너와 함께 가게 하지 아니하였느
냐 우리가 반드시 너와 네 집을 불사르리
라 하니

2 입다가 그들에게 이르되 나와 내 백성
이 암몬 자손과 크게 싸울 때에 내가 너희
를 부르되 너희가 나를 그들의 손에서 구
원하지 아니한 고로

3 나는 너희가 도와 주지 아니하는 것을
보고 내 목숨을 돌보지 아니하고 건너가
서 암몬 자손을 쳤더니 여호와께서 그들
을 내 손에 넘겨 주셨거늘 너희가 어찌하
여 오늘 내게 올라와서 나와 더불어 싸우
고자 하느냐 하니라

4 입다가 길르앗 사람을 다 모으고 에브
라임과 싸웠으며 길르앗 사람들이 에브

38

39

40

입다와 에브라임 사람들

12

2

3

4

라임을 쳐서 무찔렀으니 이는 에브라임
의 말이 너희 길르앗 사람은 본래 에브라
임에서 도망한 자로서 에브라임과 므낫
세 중에 있다 하였음이라

5 길르앗 사람이 에브라임 사람보다 앞
서 요단 강 나루턱을 장악하고 에브라임
사람의 도망하는 자가 말하기를 청하건
대 나를 건너가게 하라 하면 길르앗 사람
이 그에게 묻기를 네가 에브라임 사람이
냐 하여 그가 만일 아니라 하면

6 그에게 이르기를 쉽볼렛이라 발음하
라 하여 에브라임 사람이 그렇게 바로 말
하지 못하고 십볼렛이라 발음하면 길르
앗 사람이 곧 그를 잡아서 요단 강 나루턱
에서 죽였더라 그 때에 에브라임 사람의
죽은 자가 사만 이천 명이었더라

7 입다가 이스라엘의 사사가 된 지 육 년
이라 길르앗 사람 입다가 죽으매 길르앗
에 있는 그의 성읍에 장사되었더라

사사 입산

8 그 뒤를 이어 베들레헴의 입산이 이스
라엘의 사사가 되었더라

9 그가 아들 삼십 명과 딸 삼십 명을 두
었더니 그가 딸들을 밖으로 시집 보냈고
아들들을 위하여는 밖에서 여자 삼십 명
을 데려왔더라 그가 이스라엘의 사사가
된 지 칠 년이라

10 입산이 죽으매 베들레헴에 장사되었
더라

11 그 뒤를 이어 스불론 사람 엘론이 이스

5
6
7
사사 입산
8
9
10
11

라엘의 사사가 되어 십 년 동안 이스라엘
을 다스렸더라
12 스불론 사람 엘론이 죽으매 스불론 땅
아얄론에 장사되었더라

사사 압돈

13 그 뒤를 이어 비라돈 사람 힐렐의 아들
압돈이 이스라엘의 사사가 되었더라
14 그에게 아들 사십 명과 손자 삼십 명이
있어 어린 나귀 칠십 마리를 탔더라 압돈
이 이스라엘의 사사가 된 지 팔 년이라
15 비라돈 사람 힐렐의 아들 압돈이 죽으
매 에브라임 땅 아말렉 사람의 산지 비라
돈에 장사되었더라

삼손이 태어나다

13 이스라엘 자손이 다시 여호와의 목
전에 악을 행하였으므로 여호와께
서 그들을 사십 년 동안 블레셋 사람의 손
에 넘겨 주시니라
2 소라 땅에 단 지파의 가족 중에 마노아
라 이름하는 자가 있더라 그의 아내가 임
신하지 못하므로 출산하지 못하더니
3 여호와의 사자가 그 여인에게 나타나
서 그에게 이르시되 보라 네가 본래 임신
하지 못하므로 출산하지 못하였으나 이
제 임신하여 아들을 낳으리니
4 그러므로 너는 삼가 포도주와 독주를
마시지 말며 어떤 부정한 것도 먹지 말지
니라
5 보라 네가 임신하여 아들을 낳으리니
그의 머리 위에 삭도를 대지 말라 이 아이

12

사사 압돈

13

14

15

삼손이 태어나다

13

2

3

4

5

는 태에서 나옴으로부터 하나님께 바쳐
진 나실인이 됨이라 그가 블레셋 사람의
손에서 이스라엘을 구원하기 시작하리라
하시니

6 이에 그 여인이 가서 그의 남편에게 말
하여 이르되 하나님의 사람이 내게 오셨
는데 그의 모습이 하나님의 사자의 용모
같아서 심히 두려우므로 어디서부터 왔
는지를 내가 묻지 못하였고 그도 자기 이
름을 내게 이르지 아니하였으며

7 그가 내게 이르기를 보라 네가 임신하
여 아들을 낳으리니 이제 포도주와 독주를
마시지 말며 어떤 부정한 것도 먹지 말라
이 아이는 태에서부터 그가 죽는 날까지 하
나님께 바쳐진 나실인이 됨이라 하더이다
하니라

8 마노아가 여호와께 기도하여 이르되
주여 구하옵나니 주께서 보내셨던 하나
님의 사람을 우리에게 다시 오게 하사 우
리가 그 낳을 아이에게 어떻게 행할지를
우리에게 가르치게 하소서 하니

9 하나님이 마노아의 목소리를 들으시
니라 여인이 밭에 앉았을 때에 하나님의
사자가 다시 그에게 임하였으나 그의 남
편 마노아는 함께 있지 아니한지라

10 여인이 급히 달려가서 그의 남편에게
알리어 이르되 보소서 전일에 내게 오셨
던 그 사람이 내게 나타났나이다 하매

11 마노아가 일어나 아내를 따라가서 그
사람에게 이르러 그에게 묻되 당신이 이

6

7

8

9

10

11

여인에게 말씀하신 그 사람이니이까 하
니 이르되 내가 그로다 하니라
12 마노아가 이르되 이제 당신의 말씀대
로 되기를 원하나이다 이 아이를 어떻게
기르며 우리가 그에게 어떻게 행하리이까
13 여호와의 사자가 마노아에게 이르되
내가 여인에게 말한 것들을 그가 다 삼가
서
14 포도나무의 소산을 먹지 말며 포도주
와 독주를 마시지 말며 어떤 부정한 것도
먹지 말고 내가 그에게 명령한 것은 다 지
킬 것이니라 하니라
15 마노아가 여호와의 사자에게 말하되
구하옵나니 당신은 우리에게 머물러서
우리가 당신을 위하여 염소 새끼 하나를
준비하게 하소서 하니
16 여호와의 사자가 마노아에게 이르되
네가 비록 나를 머물게 하나 내가 네 음식
을 먹지 아니하리라 번제를 준비하려거
든 마땅히 여호와께 드릴지니라 하니 이
는 그가 여호와의 사자인 줄을 마노아가
알지 못함이었더라
17 마노아가 또 여호와의 사자에게 말하
되 당신의 이름이 무엇이니이까 당신의
말씀이 이루어질 때에 우리가 당신을 존
귀히 여기리이다 하니
18 여호와의 사자가 그에게 이르되 어찌
하여 내 이름을 묻느냐 내 이름은 기묘자
라 하니라
19 이에 마노아가 염소 새끼와 소제물을

가져다가 바위 위에서 여호와께 드리매
이적이 일어난지라 마노아와 그의 아내
가 본즉

20 불꽃이 제단에서부터 하늘로 올라가
는 동시에 여호와의 사자가 제단 불꽃에
휩싸여 올라간지라 마노아와 그의 아내
가 그것을 보고 그들의 얼굴을 땅에 대고
엎드리니라

21 여호와의 사자가 마노아와 그의 아내
에게 다시 나타나지 아니하니 마노아가
그제야 그가 여호와의 사자인 줄 알고

22 그의 아내에게 이르되 우리가 하나님
을 보았으니 반드시 죽으리로다 하니

23 그의 아내가 그에게 이르되 여호와께
서 우리를 죽이려 하셨더라면 우리 손에
서 번제와 소제를 받지 아니하셨을 것이
요 이 모든 일을 보이지 아니하셨을 것이
며 이제 이런 말씀도 우리에게 이르지 아
니하셨으리이다 하였더라

24 그 여인이 아들을 낳으매 그의 이름을
삼손이라 하니라 그 아이가 자라매 여호
와께서 그에게 복을 주시더니

25 소라와 에스다올 사이 마하네단에서 여
호와의 영이 그를 움직이기 시작하셨더라

삼손과 딤나의 여자

14 삼손이 딤나에 내려가서 거기서 블
레셋 사람의 딸들 중에서 한 여자를
보고

2 올라와서 자기 부모에게 말하여 이르
되 내가 딤나에서 블레셋 사람의 딸들 중

20

21

22

23

24

25

삼손과 딤나의 여자

14

2

에서 한 여자를 보았사오니 이제 그를 맞
이하여 내 아내로 삼게 하소서 하매

3 그의 부모가 그에게 이르되 네 형제들
의 딸들 중에나 내 백성 중에 어찌 여자가
없어서 네가 할례 받지 아니한 블레셋 사
람에게 가서 아내를 맞으려 하느냐 하니
삼손이 그의 아버지에게 이르되 내가 그
여자를 좋아하오니 나를 위하여 그 여자
를 데려오소서 하니라

4 그 때에 블레셋 사람이 이스라엘을 다
스린 까닭에 삼손이 틈을 타서 블레셋 사
람을 치려 함이었으나 그의 부모는 이 일
이 여호와께로부터 나온 것인 줄은 알지
못하였더라

5 삼손이 그의 부모와 함께 딤나에 내려
가 딤나의 포도원에 이른즉 젊은 사자가
그를 보고 소리 지르는지라

6 여호와의 영이 삼손에게 강하게 임하
니 그가 손에 아무것도 없이 그 사자를 염
소 새끼를 찢는 것 같이 찢었으나 그는 자
기가 행한 일을 부모에게 알리지 아니하
였더라

7 그가 내려가서 그 여자와 말하니 그 여
자가 삼손의 눈에 들었더라

8 얼마 후에 삼손이 그 여자를 맞이하려
고 다시 가다가 돌이켜 그 사자의 주검을
본즉 사자의 몸에 벌 떼와 꿀이 있는지라

9 손으로 그 꿀을 떠서 걸어가며 먹고 그
의 부모에게 이르러 그들에게 그것을 드
려서 먹게 하였으나 그 꿀을 사자의 몸에

3

4

5

6

7

8

9

서 떠왔다고는 알리지 아니하였더라
10 삼손의 아버지가 여자에게로 내려가매
삼손이 거기서 잔치를 베풀었으니 청년들
은 이렇게 행하는 풍속이 있음이더라
11 무리가 삼손을 보고 삼십 명을 데려와
서 친구를 삼아 그와 함께 하게 한지라
12 삼손이 그들에게 이르되 이제 내가 너
희에게 수수께끼를 내리니 잔치하는 이레
동안에 너희가 그것을 풀어 내게 말하면
내가 베옷 삼십 벌과 겉옷 삼십 벌을 너희
에게 주리라
13 그러나 그것을 능히 내게 말하지 못하
면 너희가 내게 베옷 삼십 벌과 겉옷 삼십
벌을 줄지니라 하니 그들이 이르되 네가
수수께끼를 내면 우리가 그것을 들으리
라 하매
14 삼손이 그들에게 이르되 먹는 자에게
서 먹는 것이 나오고 강한 자에게서 단 것
이 나왔느니라 하니라 그들이 사흘이 되
도록 수수께끼를 풀지 못하였더라
15 일곱째 날에 이르러 그들이 삼손의 아
내에게 이르되 너는 네 남편을 꾀어 그 수
수께끼를 우리에게 알려 달라 하라 그렇
지 아니하면 너와 네 아버지의 집을 불사
르리라 너희가 우리의 소유를 빼앗고자
하여 우리를 청한 것이 아니냐 그렇지 아
니하냐 하니
16 삼손의 아내가 그의 앞에서 울며 이르
되 당신이 나를 미워할 뿐이요 사랑하지
아니하는도다 우리 민족에게 수수께끼를

10

11

12

13

14

15

16

말하고 그 뜻을 내게 알려 주지 아니하도
다 하는지라 삼손이 그에게 이르되 보라
내가 그것을 나의 부모에게도 알려 주지
아니하였거든 어찌 그대에게 알게 하리
요 하였으나

17 칠 일 동안 그들이 잔치할 때 그의 아
내가 그 앞에서 울며 그에게 강요함으로
일곱째 날에는 그가 그의 아내에게 수수
께끼를 알려 주매 그의 아내가 그것을 자
기 백성들에게 알려 주었더라

18 일곱째 날 해 지기 전에 성읍 사람들이
삼손에게 이르되 무엇이 꿀보다 달겠으
며 무엇이 사자보다 강하겠느냐 한지라
삼손이 그들에게 이르되 너희가 내 암송
아지로 밭 갈지 아니하였더라면 내 수수
께끼를 능히 풀지 못하였으리라 하니라

19 여호와의 영이 삼손에게 갑자기 임하
시매 삼손이 아스글론에 내려가서 그 곳
사람 삼십 명을 쳐죽이고 노략하여 수수
께끼 푼 자들에게 옷을 주고 심히 노하여
그의 아버지의 집으로 올라갔고

20 삼손의 아내는 삼손의 친구였던 그의
친구에게 준 바 되었더라

15 얼마 후 밀 거둘 때에 삼손이 염소 새
끼를 가지고 그의 아내에게로 찾아
가서 이르되 내가 방에 들어가 내 아내를
보고자 하노라 하니 장인이 들어오지 못하
게 하고

2 이르되 네가 그를 심히 미워하는 줄 알
고 그를 네 친구에게 주었노라 그의 동생

17

18

19

20

15

2

이 그보다 더 아름답지 아니하냐 청하노
니 너는 그를 대신하여 동생을 아내로 맞
이하라 하니

3 삼손이 그들에게 이르되 이번은 내가
블레셋 사람들을 해할지라도 그들에게
대하여 내게 허물이 없을 것이니라 하고

4 삼손이 가서 여우 삼백 마리를 붙들어
서 그 꼬리와 꼬리를 매고 홰를 가지고 그
두 꼬리 사이에 한 홰를 달고

5 홰에 불을 붙이고 그것을 블레셋 사람
들의 곡식 밭으로 몰아 들여서 곡식 단과
아직 베지 아니한 곡식과 포도원과 감람
나무들을 사른지라

6 블레셋 사람들이 이르되 누가 이 일을
행하였느냐 하니 사람들이 대답하되 딤
나 사람의 사위 삼손이니 장인이 삼손의
아내를 빼앗아 그의 친구에게 준 까닭이
라 하였더라 블레셋 사람들이 올라가서
그 여인과 그의 아버지를 불사르니라

7 삼손이 그들에게 이르되 너희가 이같
이 행하였은즉 내가 너희에게 원수를 갚
고야 말리라 하고

8 블레셋 사람들의 정강이와 넓적다리
를 크게 쳐서 죽이고 내려가서 에담 바위
틈에 머물렀더라

삼손이 블레셋을 치다

9 이에 블레셋 사람들이 올라와 유다에
진을 치고 레히에 가득한지라

10 유다 사람들이 이르되 너희가 어찌하
여 올라와서 우리를 치느냐 그들이 대답

3

4

5

6

7

8

삼손이 블레셋을 치다

9

10

하되 우리가 올라온 것은 삼손을 결박하
여 그가 우리에게 행한 대로 그에게 행하
려 함이로라 하는지라

11 유다 사람 삼천 명이 에담 바위 틈에
내려가서 삼손에게 이르되 너는 블레셋
사람이 우리를 다스리는 줄을 알지 못하
느냐 네가 어찌하여 우리에게 이같이 행
하였느냐 하니 삼손이 그들에게 이르되
그들이 내게 행한 대로 나도 그들에게 행
하였노라 하니라

12 그들이 삼손에게 이르되 우리가 너를
결박하여 블레셋 사람의 손에 넘겨 주려
고 내려왔노라 하니 삼손이 그들에게 이
르되 너희가 나를 치지 아니하겠다고 내
게 맹세하라 하매

13 그들이 삼손에게 말하여 이르되 아니
라 우리가 다만 너를 단단히 결박하여 그
들의 손에 넘겨 줄 뿐이요 우리가 결단코
너를 죽이지 아니하리라 하고 새 밧줄 둘
로 결박하고 바위 틈에서 그를 끌어내니
라

14 삼손이 레히에 이르매 블레셋 사람들
이 그에게로 마주 나가며 소리 지를 때 여
호와의 영이 삼손에게 갑자기 임하시매
그의 팔 위의 밧줄이 불탄 삼과 같이 그의
결박되었던 손에서 떨어진지라

15 삼손이 나귀의 새 턱뼈를 보고 손을 내
밀어 집어들고 그것으로 천 명을 죽이고

16 이르되 나귀의 턱뼈로 한 더미, 두 더
미를 쌓았음이여 나귀의 턱뼈로 내가 천

11
12
13
14
15
16

명을 죽였도다 하니라

17 그가 말을 마치고 턱뼈를 자기 손에서
내던지고 그 곳을 라맛 레히라 이름하였
더라

18 삼손이 심히 목이 말라 여호와께 부르
짖어 이르되 주께서 종의 손을 통하여 이
큰 구원을 베푸셨사오나 내가 이제 목말라
죽어서 할례 받지 못한 자들의 손에 떨어지
겠나이다 하니

19 하나님이 레히에서 한 우묵한 곳을 터
뜨리시니 거기서 물이 솟아나오는지라
삼손이 그것을 마시고 정신이 회복되어
소생하니 그러므로 그 샘 이름을 엔학고
레라 불렀으며 그 샘이 오늘까지 레히에
있더라

20 블레셋 사람의 때에 삼손이 이스라엘
의 사사로 이십 년 동안 지냈더라

삼손이 가사에 가다

16 삼손이 가사에 가서 거기서 한 기생
을 보고 그에게로 들어갔더니

2 가사 사람들에게 삼손이 왔다고 알려
지매 그들이 곧 그를 에워싸고 밤새도록
성문에 매복하고 밤새도록 조용히 하며
이르기를 새벽이 되거든 그를 죽이리라
하였더라

3 삼손이 밤중까지 누워 있다가 그 밤중
에 일어나 성 문짝들과 두 문설주와 문빗
장을 빼어 가지고 그것을 모두 어깨에 메
고 헤브론 앞산 꼭대기로 가니라

삼손과 들릴라

17
18
19
20
삼손이 가사에 가다
16
2
3
삼손과 들릴라

4 이 후에 삼손이 소렉 골짜기의 들릴라
라 이름하는 여인을 사랑하매

5 블레셋 사람의 방백들이 그 여인에게
로 올라가서 그에게 이르되 삼손을 꾀어
서 무엇으로 말미암아 그 큰 힘이 생기는
지 그리고 우리가 어떻게 하면 능히 그를
결박하여 굴복하게 할 수 있을는지 알아
보라 그리하면 우리가 각각 은 천백 개씩
을 네게 주리라 하니

6 들릴라가 삼손에게 말하되 청하건대
당신의 큰 힘이 무엇으로 말미암아 생기
며 어떻게 하면 능히 당신을 결박하여 굴
복하게 할 수 있을는지 내게 말하라 하니

7 삼손이 그에게 이르되 만일 마르지 아
니한 새 활줄 일곱으로 나를 결박하면 내
가 약해져서 다른 사람과 같으리라

8 블레셋 사람의 방백들이 마르지 아니
한 새 활줄 일곱을 여인에게로 가져오매
그가 그것으로 삼손을 결박하고

9 이미 사람을 방 안에 매복시켰으므로
삼손에게 말하되 삼손이여 블레셋 사람
들이 당신에게 들이닥쳤느니라 하니 삼
손이 그 줄들을 끊기를 불탄 삼실을 끊음
같이 하였고 그의 힘의 근원은 알아내지
못하니라

10 들릴라가 삼손에게 이르되 보라 당신
이 나를 희롱하여 내게 거짓말을 하였도
다 청하건대 무엇으로 당신을 결박할 수
있을는지 이제는 내게 말하라 하니

11 삼손이 그에게 이르되 만일 쓰지 아니

4

5

6

7

8

9

10

11

한 새 밧줄들로 나를 결박하면 내가 약해
져서 다른 사람과 같으리라 하니라

12 들릴라가 새 밧줄들을 가져다가 그것
들로 그를 결박하고 그에게 이르되 삼손
이여 블레셋 사람이 당신에게 들이닥쳤
느니라 하니 삼손이 팔 위의 줄 끊기를 실
을 끊음 같이 하였고 그 때에도 사람이 방
안에 매복하였더라

13 들릴라가 삼손에게 이르되 당신이 이
때까지 나를 희롱하여 내게 거짓말을 하
였도다 내가 무엇으로 당신을 결박할 수
있을는지 내게 말하라 하니 삼손이 그에
게 이르되 그대가 만일 나의 머리털 일곱
가닥을 베틀의 날실에 섞어 짜면 되리라
하는지라

14 들릴라가 바디로 그 머리털을 단단히
짜고 그에게 이르되 삼손이여 블레셋 사
람들이 당신에게 들이닥쳤느니라 하니
삼손이 잠을 깨어 베틀의 바디와 날실을
다 빼내니라

15 들릴라가 삼손에게 이르되 당신의 마
음이 내게 있지 아니하면서 당신이 어찌
나를 사랑한다 하느냐 당신이 이로써 세
번이나 나를 희롱하고 당신의 큰 힘이 무
엇으로 말미암아 생기는지를 내게 말하
지 아니하였도다 하며

16 날마다 그 말로 그를 재촉하여 조르매
삼손의 마음이 번뇌하여 죽을 지경이라

17 삼손이 진심을 드러내어 그에게 이르
되 내 머리 위에는 삭도를 대지 아니하였

12

13

14

15

16

17

나니 이는 내가 모태에서부터 하나님의
나실인이 되었음이라 만일 내 머리가 밀
리면 내 힘이 내게서 떠나고 나는 약해져
서 다른 사람과 같으리라 하니라

18 들릴라가 삼손이 진심을 다 알려 주므
로 사람을 보내어 블레셋 사람들의 방백
들을 불러 이르되 삼손이 내게 진심을 알
려 주었으니 이제 한 번만 올라오라 하니
블레셋 방백들이 손에 은을 가지고 그 여
인에게로 올라오니라

19 들릴라가 삼손에게 자기 무릎을 베고
자게 하고 사람을 불러 그의 머리털 일곱
가닥을 밀고 괴롭게 하여 본즉 그의 힘이
없어졌더라

20 들릴라가 이르되 삼손이여 블레셋 사
람이 당신에게 들이닥쳤느니라 하니 삼손
이 잠을 깨며 이르기를 내가 전과 같이 나
가서 몸을 떨치리라 하였으나 여호와께서
이미 자기를 떠나신 줄을 깨닫지 못하였
더라

21 블레셋 사람들이 그를 붙잡아 그의 눈
을 빼고 끌고 가사에 내려가 놋 줄로 매고
그에게 옥에서 맷돌을 돌리게 하였더라

22 그의 머리털이 밀린 후에 다시 자라기
시작하니라

삼손이 죽다

23 블레셋 사람의 방백들이 이르되 우리
의 신이 우리 원수 삼손을 우리 손에 넘겨
주었다 하고 다 모여 그들의 신 다곤에게
큰 제사를 드리고 즐거워하고

18

19

20

21

22

삼손이 죽다

23

24 백성들도 삼손을 보았으므로 이르되
우리의 땅을 망쳐 놓고 우리의 많은 사람
을 죽인 원수를 우리의 신이 우리 손에 넘
겨 주었다 하고 자기들의 신을 찬양하며

24

25 그들의 마음이 즐거울 때에 이르되 삼
손을 불러다가 우리를 위하여 재주를 부
리게 하자 하고 옥에서 삼손을 불러내매
삼손이 그들을 위하여 재주를 부리니라
그들이 삼손을 두 기둥 사이에 세웠더니

25

26 삼손이 자기 손을 붙든 소년에게 이르
되 나에게 이 집을 버틴 기둥을 찾아 그것
을 의지하게 하라 하니라

26

27 그 집에는 남녀가 가득하니 블레셋 모
든 방백들도 거기에 있고 지붕에 있는 남
녀도 삼천 명 가량이라 다 삼손이 재주 부
리는 것을 보더라

27

28 삼손이 여호와께 부르짖어 이르되 주
여호와여 구하옵나니 나를 생각하옵소서
하나님이여 구하옵나니 이번만 나를 강
하게 하사 나의 두 눈을 뺀 블레셋 사람에
게 원수를 단번에 갚게 하옵소서 하고

28

29 삼손이 집을 버틴 두 기둥 가운데 하나
는 왼손으로 하나는 오른손으로 껴 의지
하고

29

30 삼손이 이르되 블레셋 사람과 함께 죽
기를 원하노라 하고 힘을 다하여 몸을 굽
히매 그 집이 곧 무너져 그 안에 있는 모
든 방백들과 온 백성에게 덮이니 삼손이
죽을 때에 죽인 자가 살았을 때에 죽인 자
보다 더욱 많았더라

30

31 그의 형제와 아버지의 온 집이 다 내려
가서 그의 시체를 가지고 올라가서 소라
와 에스다올 사이 그의 아버지 마노아의
장지에 장사하니라 삼손이 이스라엘의
사사로 이십 년 동안 지냈더라

미가 집의 제사장

17 에브라임 산지에 미가라 이름하는
사람이 있더니

2 그의 어머니에게 이르되 어머니께서
은 천백을 잃어버리셨으므로 저주하시고
내 귀에도 말씀하셨더니 보소서 그 은이
내게 있나이다 내가 그것을 가졌나이다
하니 그의 어머니가 이르되 내 아들이 여
호와께 복 받기를 원하노라 하니라

3 미가가 은 천백을 그의 어머니에게 도
로 주매 그의 어머니가 이르되 내가 내 아
들을 위하여 한 신상을 새기며 한 신상을
부어 만들기 위해 내 손에서 이 은을 여호
와께 거룩히 드리노라 그러므로 내가 이
제 이 은을 네게 도로 주리라

4 미가가 그 은을 그의 어머니에게 도로
주었으므로 어머니가 그 은 이백을 가져
다 은장색에게 주어 한 신상을 새기고 한
신상을 부어 만들었더니 그 신상이 미가
의 집에 있더라

5 그 사람 미가에게 신당이 있으므로 그
가 에봇과 드라빔을 만들고 한 아들을 세
워 그의 제사장으로 삼았더라

6 그 때에는 이스라엘에 왕이 없었으므
로 사람마다 자기 소견에 옳은 대로 행하

31

미가 집의 제사장

17

2

3

4

5

6

였더라

7 유다 가족에 속한 유다 베들레헴에 한
청년이 있었으니 그는 레위인으로서 거
기서 거류하였더라

8 그 사람이 거주할 곳을 찾고자 하여 그
성읍 유다 베들레헴을 떠나 가다가 에브
라임 산지로 가서 미가의 집에 이르매

9 미가가 그에게 묻되 너는 어디서부터
오느냐 하니 그가 이르되 나는 유다 베들
레헴의 레위인으로서 거류할 곳을 찾으
러 가노라 하는지라

10 미가가 그에게 이르되 네가 나와 함께
거주하며 나를 위하여 아버지와 제사장
이 되라 내가 해마다 은 열과 의복 한 벌
과 먹을 것을 주리라 하므로 그 레위인이
들어갔더라

11 그 레위인이 그 사람과 함께 거주하기
를 만족하게 생각했으니 이는 그 청년이
미가의 아들 중 하나 같이 됨이라

12 미가가 그 레위인을 거룩하게 구별하매
그 청년이 미가의 제사장이 되어 그 집에
있었더라

13 이에 미가가 이르되 레위인이 내 제사
장이 되었으니 이제 여호와께서 내게 복
주실 줄을 아노라 하니라

미가와 단 지파

18 그 때에 이스라엘에 왕이 없었고 단
지파는 그 때에 거주할 기업의 땅을
구하는 중이었으니 이는 그들이 이스라
엘 지파 중에서 그 때까지 기업을 분배 받

7
8
9
10
11
12
13
미가와 단 지파
18

지 못하였음이라

2 단 자손이 소라와 에스다올에서부터
그들의 가족 가운데 용맹스런 다섯 사람
을 보내어 땅을 정탐하고 살피게 하며 그
들에게 이르되 너희는 가서 땅을 살펴보
라 하매 그들이 에브라임 산지에 가서 미
가의 집에 이르러 거기서 유숙하니라

3 그들이 미가의 집에 있을 때에 그 레위
청년의 음성을 알아듣고 그리로 돌아가
서 그에게 이르되 누가 너를 이리로 인도
하였으며 네가 여기서 무엇을 하며 여기
서 무엇을 얻었느냐 하니

4 그가 그들에게 이르되 미가가 이러이
러하게 나를 대접하고 나를 고용하여 나
를 자기의 제사장으로 삼았느니라 하니
라

5 그들이 그에게 이르되 청하건대 우리
를 위하여 하나님께 물어 보아서 우리가
가는 길이 형통할는지 우리에게 알게 하
라 하니

6 그 제사장이 그들에게 이르되 평안히
가라 너희가 가는 길은 여호와 앞에 있느
니라 하니라

7 이에 다섯 사람이 떠나 라이스에 이르
러 거기 있는 백성을 본즉 염려 없이 거주
하며 시돈 사람들이 사는 것처럼 평온하
며 안전하니 그 땅에는 부족한 것이 없으
며 부를 누리며 시돈 사람들과 거리가 멀
고 어떤 사람과도 상종하지 아니함이라

8 그들이 소라와 에스다올에 돌아가서

그들의 형제들에게 이르매 형제들이 그
들에게 묻되 너희가 보기에 어떠하더냐
하니

9 이르되 일어나 그들을 치러 올라가자
우리가 그 땅을 본즉 매우 좋더라 너희는
가만히 있느냐 나아가서 그 땅 얻기를 게
을리 하지 말라

10 너희가 가면 평화로운 백성을 만날 것
이요 그 땅은 넓고 그 곳에는 세상에 있는
것이 하나도 부족함이 없느니라 하나님
이 그 땅을 너희 손에 넘겨 주셨느니라 하
는지라

11 단 지파의 가족 중 육백 명이 무기를
지니고 소라와 에스다올에서 출발하여

12 올라가서 유다에 있는 기럇여아림에
진 치니 그러므로 그 곳 이름이 오늘까지
마하네 단이며 그 곳은 기럇여아림 뒤에
있더라

13 무리가 거기서 떠나 에브라임 산지 미
가의 집에 이르니라

14 전에 라이스 땅을 정탐하러 갔던 다섯
사람이 그 형제들에게 말하여 이르되 이
집에 에봇과 드라빔과 새긴 신상과 부어
만든 신상이 있는 줄을 너희가 아느냐 그
런즉 이제 너희는 마땅히 행할 것을 생각
하라 하고

15 다섯 사람이 그 쪽으로 향하여 그 청년
레위 사람의 집 곧 미가의 집에 이르러 그
에게 문안하고

16 단 자손 육백 명은 무기를 지니고 문

9

10

11

12

13

14

15

16

입구에 서니라
17 그 땅을 정탐하러 갔던 다섯 사람이 그
리로 들어가서 새긴 신상과 에봇과 드라
빔과 부어 만든 신상을 가져갈 때에 그 제
사장은 무기를 지닌 육백 명과 함께 문 입
구에 섰더니
18 그 다섯 사람이 미가의 집에 들어가서
그 새긴 신상과 에봇과 드라빔과 부어 만
든 신상을 가지고 나오매 그 제사장이 그
들에게 묻되 너희가 무엇을 하느냐 하니
19 그들이 그에게 이르되 잠잠하라 네 손
을 입에 대라 우리와 함께 가서 우리의 아
버지와 제사장이 되라 네가 한 사람의 집
의 제사장이 되는 것과 이스라엘의 한 지
파 한 족속의 제사장이 되는 것 중에서 어
느 것이 낫겠느냐 하는지라
20 그 제사장이 마음에 기뻐하여 에봇과
드라빔과 새긴 우상을 받아 가지고 그 백
성 가운데로 들어가니라
21 그들이 돌이켜서 어린 아이들과 가축
과 값진 물건들을 앞세우고 길을 떠나더
니
22 그들이 미가의 집을 멀리 떠난 때에 미
가의 이웃집 사람들이 모여서 단 자손을
따라 붙어서
23 단 자손을 부르는지라 그들이 얼굴을
돌려 미가에게 이르되 네가 무슨 일로 이
같이 모아 가지고 왔느냐 하니
24 미가가 이르되 내가 만든 신들과 제사
장을 빼앗아 갔으니 이제 내게 오히려 남

은 것이 무엇이냐 너희가 어찌하여 나더
러 무슨 일이냐고 하느냐 하는지라

25 단 자손이 그에게 이르되 네 목소리를
우리에게 들리게 하지 말라 노한 자들이
너희를 쳐서 네 생명과 네 가족의 생명을
잃게 할까 하노라 하고

26 단 자손이 자기 길을 간지라 미가가 단
자손이 자기보다 강한 것을 보고 돌이켜
집으로 돌아갔더라

27 단 자손이 미가가 만든 것과 그 제사장
을 취하여 라이스에 이르러 한가하고 걱
정 없이 사는 백성을 만나 칼날로 그들을
치며 그 성읍을 불사르되

28 그들을 구원할 자가 없었으니 그 성읍
이 베드르홉 가까운 골짜기에 있어서 시
돈과 거리가 멀고 상종하는 사람도 없음
이었더라 단 자손이 성읍을 세우고 거기
거주하면서

29 이스라엘에게서 태어난 그들의 조상
단의 이름을 따라 그 성읍을 단이라 하니
라 그 성읍의 본 이름은 라이스였더라

30 단 자손이 자기들을 위하여 그 새긴 신
상을 세웠고 모세의 손자요 게르솜의 아
들인 요나단과 그의 자손은 단 지파의 제
사장이 되어 그 땅 백성이 사로잡히는 날
까지 이르렀더라

31 하나님의 집이 실로에 있을 동안에 미
가가 만든 바 새긴 신상이 단 자손에게 있
었더라

어떤 레위 사람과 그의 첩

25

26

27

28

29

30

31

어떤 레위 사람과 그의 첩

19 이스라엘에 왕이 없을 그 때에 에브
라임 산지 구석에 거류하는 어떤 레
위 사람이 유다 베들레헴에서 첩을 맞이
하였더니
2 그 첩이 행음하고 남편을 떠나 유다 베
들레헴 그의 아버지의 집에 돌아가서 거
기서 넉 달 동안을 지내매
3 그의 남편이 그 여자에게 다정하게 말
하고 그를 데려오고자 하여 하인 한 사람
과 나귀 두 마리를 데리고 그에게로 가매
여자가 그를 인도하여 아버지의 집에 들
어가니 그 여자의 아버지가 그를 보고 기
뻐하니라
4 그의 장인 곧 그 여자의 아버지가 그를
머물게 하매 그가 삼 일 동안 그와 함께
머물며 먹고 마시며 거기서 유숙하다가
5 넷째 날 아침에 일찍이 일어나 떠나고
자 하매 그 여자의 아버지가 그의 사위에
게 이르되 떡을 조금 먹고 그대의 기력을
돋운 후에 그대의 길을 가라 하니라
6 두 사람이 앉아서 함께 먹고 마시매 그
여자의 아버지가 그 사람에게 이르되 청
하노니 이 밤을 여기서 유숙하여 그대의
마음을 즐겁게 하라 하니
7 그 사람이 일어나서 가고자 하되 그의
장인의 간청으로 거기서 다시 유숙하더
니
8 다섯째 날 아침에 일찍이 일어나 떠나
고자 하매 그 여자의 아버지가 이르되 청
하노니 그대의 기력을 돋우고 해가 기울

19

2

3

4

5

6

7

8

도록 머물라 하므로 두 사람이 함께 먹고

9 그 사람이 첩과 하인과 더불어 일어나
떠나고자 하매 그의 장인 곧 그 여자의 아
버지가 그에게 이르되 보라 이제 날이 저
물어 가니 청하건대 이 밤도 유숙하라 보
라 해가 기울었느니라 그대는 여기서 유
숙하여 그대의 마음을 즐겁게 하고 내일
일찍이 그대의 길을 가서 그대의 집으로
돌아가라 하니

10 그 사람이 다시 밤을 지내고자 하지 아
니하여 일어나서 떠나 여부스 맞은편에
이르렀으니 여부스는 곧 예루살렘이라
안장 지운 나귀 두 마리와 첩이 그와 함께
하였더라

11 그들이 여부스에 가까이 갔을 때에 해
가 지려 하는지라 종이 주인에게 이르되
청하건대 우리가 돌이켜 여부스 사람의
이 성읍에 들어가서 유숙하십시다 하니

12 주인이 그에게 이르되 우리가 돌이켜
이스라엘 자손에게 속하지 아니한 이방
사람의 성읍으로 들어갈 것이 아니니 기
브아로 나아가리라 하고

13 또 그 종에게 이르되 우리가 기브아나
라마 중 한 곳에 가서 거기서 유숙하자 하
고

14 모두 앞으로 나아가더니 베냐민에 속
한 기브아에 가까이 이르러 해가 진지라

15 기브아에 가서 유숙하려고 그리로 돌
아 들어가서 성읍 넓은 거리에 앉아 있으
나 그를 집으로 영접하여 유숙하게 하는

자가 없었더라
16 저녁 때에 한 노인이 밭에서 일하다가
돌아오니 그 사람은 본래 에브라임 산지
사람으로서 기브아에 거류하는 자요 그
곳 사람들은 베냐민 자손이더라
17 노인이 눈을 들어 성읍 넓은 거리에 나
그네가 있는 것을 본지라 노인이 묻되 그
대는 어디로 가며 어디서 왔느냐 하니
18 그가 그에게 이르되 우리는 유다 베들
레헴에서 에브라임 산지 구석으로 가나
이다 나는 그 곳 사람으로서 유다 베들레
헴에 갔다가 이제 여호와의 집으로 가는
중인데 나를 자기 집으로 영접하는 사람
이 없나이다
19 우리에게는 나귀들에게 먹일 짚과 여
물이 있고 나와 당신의 여종과 당신의 종
인 우리들과 함께 한 청년에게 먹을 양식
과 포도주가 있어 무엇이든지 부족함이
없나이다 하는지라
20 그 노인이 이르되 그대는 안심하라 그
대의 쓸 것은 모두 내가 담당할 것이니 거
리에서는 유숙하지 말라 하고
21 그를 데리고 자기 집에 들어가서 나귀
에게 먹이니 그들이 발을 씻고 먹고 마시
니라
22 그들이 마음을 즐겁게 할 때에 그 성읍
의 불량배들이 그 집을 에워싸고 문을 두
들기며 집 주인 노인에게 말하여 이르되
네 집에 들어온 사람을 끌어내라 우리가
그와 관계하리라 하니

16

17

18

19

20

21

22

23 집 주인 그 사람이 그들에게로 나와서
이르되 아니라 내 형제들아 청하노니 이
같은 악행을 저지르지 말라 이 사람이 내
집에 들어왔으니 이런 망령된 일을 행하
지 말라

24 보라 여기 내 처녀 딸과 이 사람의 첩
이 있은즉 내가 그들을 끌어내리니 너희
가 그들을 욕보이든지 너희 눈에 좋은 대
로 행하되 오직 이 사람에게는 이런 망령
된 일을 행하지 말라 하나

25 무리가 듣지 아니하므로 그 사람이 자
기 첩을 붙잡아 그들에게 밖으로 끌어내
매 그들이 그 여자와 관계하였고 밤새도
록 그 여자를 능욕하다가 새벽 미명에 놓
은지라

26 동틀 때에 여인이 자기의 주인이 있는
그 사람의 집 문에 이르러 엎드러져 밝기
까지 거기 엎드러져 있더라

27 그의 주인이 일찍이 일어나 집 문을 열
고 떠나고자 하더니 그 여인이 집 문에 엎
드러져 있고 그의 두 손이 문지방에 있는
것을 보고

28 그에게 이르되 일어나라 우리가 떠나
가자 하나 아무 대답이 없는지라 이에 그
의 시체를 나귀에 싣고 행하여 자기 곳에
돌아가서

29 그 집에 이르러서는 칼을 가지고 자기
첩의 시체를 거두어 그 마디를 찍어 열두
덩이에 나누고 그것을 이스라엘 사방에
두루 보내매

23

24

25

26

27

28

29

30 그것을 보는 자가 다 이르되 이스라엘
자손이 애굽 땅에서 올라온 날부터 오늘
까지 이런 일은 일어나지도 아니하였고
보지도 못하였도다 이 일을 생각하고 상
의한 후에 말하자 하니라

이스라엘이 전쟁 준비를 하다

20 이에 모든 이스라엘 자손이 단에
서부터 브엘세바까지와 길르앗 땅
에서 나와서 그 회중이 일제히 미스바에
서 여호와 앞에 모였으니
2 온 백성의 어른 곧 이스라엘 모든 지파
의 어른들은 하나님 백성의 총회에 섰고
칼을 빼는 보병은 사십만 명이었으며
3 이스라엘 자손이 미스바에 올라간 것
을 베냐민 자손이 들었더라 이스라엘 자
손이 이르되 이 악한 일이 어떻게 일어났
는지 우리에게 말하라 하니
4 레위 사람 곧 죽임을 당한 여인의 남편
이 대답하여 이르되 내가 내 첩과 더불어
베냐민에 속한 기브아에 유숙하러 갔더니
5 기브아 사람들이 나를 치러 일어나서
밤에 내가 묵고 있던 집을 에워싸고 나를
죽이려 하고 내 첩을 욕보여 그를 죽게 한
지라
6 내가 내 첩의 시체를 거두어 쪼개서 이
스라엘 기업의 온 땅에 보냈나니 이는 그
들이 이스라엘 중에서 음행과 망령된 일
을 행하였기 때문이라
7 이스라엘 자손들아 너희가 다 여기 있
은즉 너희의 의견과 방책을 낼지니라 하

30
이스라엘이 전쟁 준비를 하다
20
2
3
4
5
6
7

니라
8 모든 백성이 일제히 일어나 이르되 우
리가 한 사람도 자기 장막으로 돌아가지
말며 한 사람도 자기 집으로 들어가지 말
고
9 우리가 이제 기브아 사람에게 이렇게
행하리니 곧 제비를 뽑아서 그들을 치되
10 우리가 이스라엘 모든 지파 중에서 백
명에 열 명, 천 명에 백 명, 만 명에 천 명
을 뽑아 그 백성을 위하여 양식을 준비하
고 그들에게 베냐민의 기브아에 가서 그
무리가 이스라엘 중에서 망령된 일을 행
한 대로 징계하게 하리라 하니라
11 이와 같이 이스라엘 모든 사람이 하나
같이 합심하여 그 성읍을 치려고 모였더
라
12 이스라엘 지파들이 베냐민 온 지파에
사람들을 보내어 두루 다니며 이르기를
너희 중에서 생긴 이 악행이 어찌 됨이냐
13 그런즉 이제 기브아 사람들 곧 그 불량
배들을 우리에게 넘겨 주어서 우리가 그
들을 죽여 이스라엘 중에서 악을 제거하
여 버리게 하라 하나 베냐민 자손이 그들
의 형제 이스라엘 자손의 말을 듣지 아니
하고
14 도리어 성읍들로부터 기브아에 모이
고 나가서 이스라엘 자손과 싸우고자 하
니라
15 그 때에 그 성읍들로부터 나온 베냐민
자손의 수는 칼을 빼는 자가 모두 이만 육

천 명이요 그 외에 기브아 주민 중 택한
자가 칠백 명인데
16 이 모든 백성 중에서 택한 칠백 명은
다 왼손잡이라 물매로 돌을 던지면 조금
도 틀림이 없는 자들이더라

이스라엘과 베냐민 자손이 싸우다

17 베냐민 자손 외에 이스라엘 사람으로
서 칼을 빼는 자의 수는 사십만 명이니 다
전사라
18 이스라엘 자손이 일어나 벧엘에 올라
가서 하나님께 여쭈어 이르되 우리 중에
누가 먼저 올라가서 베냐민 자손과 싸우
리이까 하니 여호와께서 말씀하시되 유
다가 먼저 갈지니라 하시니라
19 이스라엘 자손이 아침에 일어나 기브
아를 대하여 진을 치니라
20 이스라엘 사람이 나가 베냐민과 싸우
려고 전열을 갖추고 기브아에서 그들과
싸우고자 하매
21 베냐민 자손이 기브아에서 나와서 당
일에 이스라엘 사람 이만 이천 명을 땅에
엎드러뜨렸으나
22 이스라엘 사람들이 스스로 용기를 내
어 첫날 전열을 갖추었던 곳에서 다시 전
열을 갖추니라
23 이스라엘 자손이 올라가 여호와 앞에
서 저물도록 울며 여호와께 여쭈어 이르
되 내가 다시 나아가서 내 형제 베냐민 자
손과 싸우리이까 하니 여호와께서 말씀
하시되 올라가서 치라 하시니라

16

이스라엘과 베냐민 자손이 싸우다

17

18

19

20

21

22

23

24 그 이튿날에 이스라엘 자손이 베냐민
자손을 치러 나아가매

25 베냐민도 그 이튿날에 기브아에서 그
들을 치러 나와서 다시 이스라엘 자손 만
팔천 명을 땅에 엎드러뜨렸으니 다 칼을
빼는 자였더라

26 이에 온 이스라엘 자손 모든 백성이 올
라가 벧엘에 이르러 울며 거기서 여호와
앞에 앉아서 그 날이 저물도록 금식하고
번제와 화목제를 여호와 앞에 드리고

27 이스라엘 자손이 여호와께 물으니라
그 때에는 하나님의 언약궤가 거기 있고

28 아론의 손자인 엘르아살의 아들 비느
하스가 그 앞에 모시고 섰더라 이스라엘
자손들이 여쭈기를 우리가 다시 나아가
내 형제 베냐민 자손과 싸우리이까 말리
이까 하니 여호와께서 이르시되 올라가
라 내일은 내가 그를 네 손에 넘겨 주리라
하시는지라

29 이스라엘이 기브아 주위에 군사를 매
복하니라

30 이스라엘 자손이 셋째 날에 베냐민 자
손을 치러 올라가서 전과 같이 기브아에
맞서 전열을 갖추매

31 베냐민 자손이 나와서 백성을 맞더니
꾀임에 빠져 성읍을 떠났더라 그들이 큰
길 곧 한쪽은 벧엘로 올라가는 길이요 한
쪽은 기브아의 들로 가는 길에서 백성을
쳐서 전과 같이 이스라엘 사람 삼십 명 가
량을 죽이기 시작하며

24

25

26

27

28

29

30

31

32 베냐민 자손이 스스로 이르기를 이들
이 처음과 같이 우리 앞에서 패한다 하나
이스라엘 자손은 이르기를 우리가 도망
하여 그들을 성읍에서 큰 길로 꾀어내자
하고

33 이스라엘 사람이 모두 그들의 처소에
서 일어나서 바알다말에서 전열을 갖추
었고 이스라엘의 복병은 그 장소 곧 기브
아 초장에서 쏟아져 나왔더라

34 온 이스라엘 사람 중에서 택한 사람 만
명이 기브아에 이르러 치매 싸움이 치열
하나 베냐민 사람은 화가 자기에게 미친
줄을 알지 못하였더라

35 여호와께서 이스라엘 앞에서 베냐민
을 치시매 당일에 이스라엘 자손이 베냐
민 사람 이만 오천백 명을 죽였으니 다 칼
을 빼는 자였더라

이스라엘이 승리한 방법

36 이에 베냐민 자손이 자기가 패한 것을
깨달았으니 이는 이스라엘 사람이 기브
아에 매복한 군사를 믿고 잠깐 베냐민 사
람 앞을 피하매

37 복병이 급히 나와 기브아로 돌격하고
나아가며 칼날로 온 성읍을 쳤음이더라

38 처음에 이스라엘 사람과 복병 사이에
약속하기를 성읍에서 큰 연기가 치솟는
것으로 군호를 삼자 하고

39 이스라엘 사람은 싸우다가 물러가고 베
냐민 사람은 이스라엘 사람 삼십 명 가량
을 쳐죽이기를 시작하며 이르기를 이들이

32

33

34

35

이스라엘이 승리한 방법

36

37

38

39

틀림없이 처음 싸움 같이 우리에게 패한다
하다가
40 연기 구름이 기둥 같이 성읍 가운데에 40
서 치솟을 때에 베냐민 사람이 뒤를 돌아
보매 온 성읍에 연기가 하늘에 닿았고
41 이스라엘 사람은 돌아서는지라 베냐 41
민 사람들이 화가 자기들에게 미친 것을
보고 심히 놀라
42 이스라엘 사람 앞에서 몸을 돌려 광야 42
길로 향하였으나 군사가 급히 추격하며
각 성읍에서 나온 자를 그 가운데에서 진
멸하니라
43 그들이 베냐민 사람을 에워싸고 기브 43
아 앞 동쪽까지 추격하며 그 쉬는 곳에서
짓밟으매
44 베냐민 중에서 엎드러진 자가 만 팔천 44
명이니 다 용사더라
45 그들이 몸을 돌려 광야로 도망하였으 45
나 림몬 바위에 이르는 큰 길에서 이스라
엘이 또 오천 명을 이삭 줍듯 하고 또 급
히 그 뒤를 따라 기돔에 이르러 또 이천
명을 죽였으니
46 이 날에 베냐민 사람으로서 칼을 빼는 46
자가 엎드러진 것이 모두 이만 오천 명이
니 다 용사였더라
47 베냐민 사람 육백 명이 돌이켜 광야로 47
도망하여 림몬 바위에 이르러 거기에서
넉 달 동안을 지냈더라
48 이스라엘 사람이 베냐민 자손에게로 돌 48
아와서 온 성읍과 가축과 만나는 자를 다

칼날로 치고 닥치는 성읍은 모두 다 불살
랐더라

베냐민 자손의 아내

21 이스라엘 사람들이 미스바에서 맹
세하여 이르기를 우리 중에 누구든
지 딸을 베냐민 사람에게 아내로 주지 아
니하리라 하였더라
2 백성이 벧엘에 이르러 거기서 저녁까
지 하나님 앞에 앉아서 큰 소리로 울며
3 이르되 이스라엘의 하나님 여호와여
어찌하여 이스라엘에 이런 일이 생겨서
오늘 이스라엘 중에 한 지파가 없어지게
하시나이까 하더니
4 이튿날에 백성이 일찍이 일어나 거기
에 한 제단을 쌓고 번제와 화목제를 드렸
더라
5 이스라엘 자손이 이르되 이스라엘 온
지파 중에 총회와 함께 하여 여호와 앞에
올라오지 아니한 자가 누구냐 하니 이는
그들이 크게 맹세하기를 미스바에 와서
여호와 앞에 이르지 아니하는 자는 반드
시 죽일 것이라 하였음이라
6 이스라엘 자손이 그들의 형제 베냐민
을 위하여 뉘우쳐 이르되 오늘 이스라엘
중에 한 지파가 끊어졌도다
7 그 남은 자들에게 우리가 어떻게 하면
아내를 얻게 하리요 우리가 전에 여호와
로 맹세하여 우리의 딸을 그들의 아내로
주지 아니하리라 하였도다
8 또 이르되 이스라엘 지파 중 미스바에

베냐민 자손의 아내

21

2

3

4

5

6

7

8

**올라와서 여호와께 이르지 아니한 자가
누구냐 하고 본즉 야베스 길르앗에서는
한 사람도 진영에 이르러 총회에 참여하
지 아니하였으니**

9 **백성을 계수할 때에 야베스 길르앗 주
민이 하나도 거기 없음을 보았음이라**

10 **회중이 큰 용사 만 이천 명을 그리로
보내며 그들에게 명령하여 이르되 가서
야베스 길르앗 주민과 부녀와 어린 아이
를 칼날로 치라**

11 **너희가 행할 일은 모든 남자 및 남자와
잔 여자를 진멸하여 바칠 것이니라 하였
더라**

12 **그들이 야베스 길르앗 주민 중에서 젊
은 처녀 사백 명을 얻었으니 이는 아직 남
자와 동침한 일이 없어 남자를 알지 못하
는 자라 그들을 실로 진영으로 데려오니
이 곳은 가나안 땅이더라**

13 **온 회중이 림몬 바위에 있는 베냐민 자
손에게 사람을 보내어 평화를 공포하게
하였더니**

14 **그 때에 베냐민이 돌아온지라 이에 이
스라엘 사람이 야베스 길르앗 여자들 중
에서 살려 둔 여자들을 그들에게 주었으
나 아직도 부족하므로**

15 **백성들이 베냐민을 위하여 뉘우쳤으
니 이는 여호와께서 이스라엘 지파들 중
에 한 지파가 빠지게 하셨음이었더라**

16 **회중의 장로들이 이르되 베냐민의 여
인이 다 멸절되었으니 이제 그 남은 자들**

9

10

11

12

13

14

15

16

에게 어떻게 하여야 아내를 얻게 할까 하
고

17 또 이르되 베냐민 중 도망하여 살아 남
은 자에게 마땅히 기업이 있어야 하리니
그리하면 이스라엘 중에 한 지파가 사라
짐이 없으리라

18 그러나 우리가 우리의 딸을 그들의 아
내로 주지 못하리니 이는 이스라엘 자손
이 맹세하여 이르기를 딸을 베냐민에게
아내로 주는 자는 저주를 받으리라 하였
음이로다 하니라

19 또 이르되 보라 벧엘 북쪽 르보나 남쪽
벧엘에서 세겜으로 올라가는 큰 길 동쪽
실로에 매년 여호와의 명절이 있도다 하
고

20 베냐민 자손에게 명령하여 이르되 가
서 포도원에 숨어

21 보다가 실로의 여자들이 춤을 추러 나
오거든 너희는 포도원에서 나와서 실로
의 딸 중에서 각각 하나를 붙들어 가지고
자기의 아내로 삼아 베냐민 땅으로 돌아
가라

22 만일 그의 아버지나 형제가 와서 우리
에게 시비하면 우리가 그에게 말하기를
청하건대 너희는 우리에게 은혜를 베풀
어 그들을 우리에게 줄지니라 이는 우리
가 전쟁할 때에 각 사람을 위하여 그의 아
내를 얻어 주지 못하였고 너희가 자의로
그들에게 준 것이 아니니 너희에게 죄가
없을 것임이니라 하겠노라 하매

17

18

19

20

21

22

23 베냐민 자손이 그같이 행하여 춤추는
여자들 중에서 자기들의 숫자대로 붙들
어 아내로 삼아 자기 기업에 돌아가서 성
읍들을 건축하고 거기에 거주하였더라

24 그 때에 이스라엘 자손이 그 곳에서 각
기 자기의 지파, 자기의 가족에게로 돌아
갔으니 곧 각기 그 곳에서 나와서 자기의
기업으로 돌아갔더라

25 그 때에 이스라엘에 왕이 없으므로 사
람이 각기 자기의 소견에 옳은 대로 행하였
더라

23

24

25

룻기 Ruth

엘리멜렉과 그 가족의 모압 이주

1 사사들이 치리하던 때에 그 땅에 흉년
이 드니라 유다 베들레헴에 한 사람이
그의 아내와 두 아들을 데리고 모압 지방
에 가서 거류하였는데
2 그 사람의 이름은 엘리멜렉이요 그의
아내의 이름은 나오미요 그의 두 아들의
이름은 말론과 기룐이니 유다 베들레헴
에브랏 사람들이더라 그들이 모압 지방
에 들어가서 거기 살더니
3 나오미의 남편 엘리멜렉이 죽고 나오
미와 그의 두 아들이 남았으며
4 그들은 모압 여자 중에서 그들의 아내
를 맞이하였는데 하나의 이름은 오르바
요 하나의 이름은 룻이더라 그들이 거기
에 거주한 지 십 년쯤에
5 말론과 기룐 두 사람이 다 죽고 그 여
인은 두 아들과 남편의 뒤에 남았더라

나오미와 룻이 베들레헴으로 오다

6 그 여인이 모압 지방에서 여호와께서
자기 백성을 돌보시사 그들에게 양식을
주셨다 함을 듣고 이에 두 며느리와 함께
일어나 모압 지방에서 돌아오려 하여
7 있던 곳에서 나오고 두 며느리도 그와
함께 하여 유다 땅으로 돌아오려고 길을
가다가
8 나오미가 두 며느리에게 이르되 너희

엘리멜렉과 그 가족의 모압 이주
1
2
3
4
5
나오미와 룻이 베들레헴으로 오다
6
7
8

는 각기 너희 어머니의 집으로 돌아가라
너희가 죽은 자들과 나를 선대한 것 같이
여호와께서 너희를 선대하시기를 원하며

9 여호와께서 너희에게 허락하사 각기 9
남편의 집에서 위로를 받게 하시기를 원
하노라 하고 그들에게 입 맞추매 그들이
소리를 높여 울며

10 나오미에게 이르되 아니니이다 우리 10
는 어머니와 함께 어머니의 백성에게로
돌아가겠나이다 하는지라

11 나오미가 이르되 내 딸들아 돌아가라 11
너희가 어찌 나와 함께 가려느냐 내 태중
에 너희의 남편 될 아들들이 아직 있느냐

12 내 딸들아 되돌아 가라 나는 늙었으니 12
남편을 두지 못할지라 가령 내가 소망이
있다고 말한다든지 오늘 밤에 남편을 두
어 아들들을 낳는다 하더라도

13 너희가 어찌 그들이 자라기를 기다리 13
겠으며 어찌 남편 없이 지내겠다고 결심
하겠느냐 내 딸들아 그렇지 아니하니라
여호와의 손이 나를 치셨으므로 나는 너
희로 말미암아 더욱 마음이 아프도다 하
매

14 그들이 소리를 높여 다시 울더니 오르 14
바는 그의 시어머니에게 입 맞추되 룻은
그를 붙좇았더라

15 나오미가 또 이르되 보라 네 동서는 15
그의 백성과 그의 신들에게로 돌아가나
니 너도 너의 동서를 따라 돌아가라 하니

16 룻이 이르되 내게 어머니를 떠나며 어 16

머니를 따르지 말고 돌아가라 강권하지
마옵소서 어머니께서 가시는 곳에 나도
가고 어머니께서 머무시는 곳에서 나도
머물겠나이다 어머니의 백성이 나의 백성
이 되고 어머니의 하나님이 나의 하나님
이 되시리니

17 어머니께서 죽으시는 곳에서 나도 죽
어 거기 묻힐 것이라 만일 내가 죽는 일
외에 어머니를 떠나면 여호와께서 내게
벌을 내리시고 더 내리시기를 원하나이
다 하는지라

18 나오미가 룻이 자기와 함께 가기로 굳
게 결심함을 보고 그에게 말하기를 그치
니라

19 이에 그 두 사람이 베들레헴까지 갔더
라 베들레헴에 이를 때에 온 성읍이 그들
로 말미암아 떠들며 이르기를 이이가 나
오미냐 하는지라

20 나오미가 그들에게 이르되 나를 나오
미라 부르지 말고 나를 마라라 부르라 이
는 전능자가 나를 심히 괴롭게 하셨음이
니라

21 내가 풍족하게 나갔더니 여호와께서
내게 비어 돌아오게 하셨느니라 여호와
께서 나를 징벌하셨고 전능자가 나를 괴
롭게 하셨거늘 너희가 어찌 나를 나오미
라 부르느냐 하니라

22 나오미가 모압 지방에서 그의 며느리
모압 여인 룻과 함께 돌아왔는데 그들이
보리 추수 시작할 때에 베들레헴에 이르

17

18

19

20

21

22

렀더라

룻이 보아스를 만나다

2 나오미의 남편 엘리멜렉의 친족으로
유력한 자가 있으니 그의 이름은 보아
스더라

2 모압 여인 룻이 나오미에게 이르되 원
하건대 내가 밭으로 가서 내가 누구에게 은
혜를 입으면 그를 따라서 이삭을 줍겠나이
다 하니 나오미가 그에게 이르되 내 딸아
갈지어다 하매

3 룻이 가서 베는 자를 따라 밭에서 이
삭을 줍는데 우연히 엘리멜렉의 친족 보
아스에게 속한 밭에 이르렀더라

4 마침 보아스가 베들레헴에서부터 와
서 베는 자들에게 이르되 여호와께서 너
희와 함께 하시기를 원하노라 하니 그들
이 대답하되 여호와께서 당신에게 복 주
시기를 원하나이다 하니라

5 보아스가 베는 자들을 거느린 사환에
게 이르되 이는 누구의 소녀냐 하니

6 베는 자를 거느린 사환이 대답하여 이
르되 이는 나오미와 함께 모압 지방에서
돌아온 모압 소녀인데

7 그의 말이 나로 베는 자를 따라 단 사
이에서 이삭을 줍게 하소서 하였고 아침
부터 와서는 잠시 집에서 쉰 외에 지금까
지 계속하는 중이니이다

8 보아스가 룻에게 이르되 내 딸아 들으
라 이삭을 주우려 다른 밭으로 가지 말며
여기서 떠나지 말고 나의 소녀들과 함께

룻이 보아스를 만나다

2

2

3

4

5

6

7

8

있으라

9 그들이 베는 밭을 보고 그들을 따르라
내가 그 소년들에게 명령하여 너를 건드
리지 말라 하였느니라 목이 마르거든 그
릇에 가서 소년들이 길어 온 것을 마실지
니라 하는지라

10 룻이 엎드려 얼굴을 땅에 대고 절하며
그에게 이르되 나는 이방 여인이거늘 당
신이 어찌하여 내게 은혜를 베푸시며 나
를 돌보시나이까 하니

11 보아스가 그에게 대답하여 이르되 네
남편이 죽은 후로 네가 시어머니에게 행
한 모든 것과 네 부모와 고국을 떠나 전에
알지 못하던 백성에게로 온 일이 내게 분
명히 알려졌느니라

12 여호와께서 네가 행한 일에 보답하시
기를 원하며 이스라엘의 하나님 여호와
께서 그의 날개 아래에 보호를 받으러 온
네게 온전한 상 주시기를 원하노라 하는
지라

13 룻이 이르되 내 주여 내가 당신께 은
혜 입기를 원하나이다 나는 당신의 하녀
중의 하나와도 같지 못하오나 당신이 이
하녀를 위로하시고 마음을 기쁘게 하는
말씀을 하셨나이다 하니라

14 식사할 때에 보아스가 룻에게 이르되
이리로 와서 떡을 먹으며 네 떡 조각을 초
에 찍으라 하므로 룻이 곡식 베는 자 곁에
앉으니 그가 볶은 곡식을 주매 룻이 배불
리 먹고 남았더라

9

10

11

12

13

14

15 룻이 이삭을 주우러 일어날 때에 보아
스가 자기 소년들에게 명령하여 이르되
그에게 곡식 단 사이에서 줍게 하고 책망
하지 말며

16 또 그를 위하여 곡식 다발에서 조금씩
뽑아 버려서 그에게 줍게 하고 꾸짖지 말
라 하니라

17 룻이 밭에서 저녁까지 줍고 그 주운
것을 떠니 보리가 한 에바쯤 되는지라

18 그것을 가지고 성읍에 들어가서 시어
머니에게 그 주운 것을 보이고 그가 배불리
먹고 남긴 것을 내어 시어머니에게 드리매

19 시어머니가 그에게 이르되 오늘 어디
서 주웠느냐 어디서 일을 하였느냐 너를
돌본 자에게 복이 있기를 원하노라 하니
룻이 누구에게서 일했는지를 시어머니에
게 알게 하여 이르되 오늘 일하게 한 사람
의 이름은 보아스니이다 하는지라

20 나오미가 자기 며느리에게 이르되 그
가 여호와로부터 복 받기를 원하노라 그
가 살아 있는 자와 죽은 자에게 은혜 베풀
기를 그치지 아니하도다 하고 나오미가
또 그에게 이르되 그 사람은 우리와 가까
우니 우리 기업을 무를 자 중의 하나이니
라 하니라

21 모압 여인 룻이 이르되 그가 내게 또
이르기를 내 추수를 다 마치기까지 너는
내 소년들에게 가까이 있으라 하더이다
하니

22 나오미가 며느리 룻에게 이르되 내 딸

15

16

17

18

19

20

21

22

아 너는 그의 소녀들과 함께 나가고 다른
밭에서 사람을 만나지 아니하는 것이 좋
으니라 하는지라

23 이에 룻이 보아스의 소녀들에게 가까
이 있어서 보리 추수와 밀 추수를 마치기
까지 이삭을 주우며 그의 시어머니와 함
께 거주하니라

룻이 보아스와 가까워지다

3 룻의 시어머니 나오미가 그에게 이르
되 내 딸아 내가 너를 위하여 안식할
곳을 구하여 너를 복되게 하여야 하지 않
겠느냐

2 네가 함께 하던 하녀들을 둔 보아스는
우리의 친족이 아니냐 보라 그가 오늘 밤
에 타작 마당에서 보리를 까불리라

3 그런즉 너는 목욕하고 기름을 바르고
의복을 입고 타작 마당에 내려가서 그 사
람이 먹고 마시기를 다 하기까지는 그에
게 보이지 말고

4 그가 누울 때에 너는 그가 눕는 곳을
알았다가 들어가서 그의 발치 이불을 들
고 거기 누우라 그가 네 할 일을 네게 알
게 하리라 하니

5 룻이 시어머니에게 이르되 어머니의
말씀대로 내가 다 행하리이다 하니라

6 그가 타작 마당으로 내려가서 시어머
니의 명령대로 다 하니라

7 보아스가 먹고 마시고 마음이 즐거워
가서 곡식 단 더미의 끝에 눕는지라 룻이
가만히 가서 그의 발치 이불을 들고 거기

23

룻이 보아스와 가까워지다

3

2

3

4

5

6

7

누웠더라

8 밤중에 그가 놀라 몸을 돌이켜 본즉 한
여인이 자기 발치에 누워 있는지라

9 이르되 네가 누구냐 하니 대답하되 나
는 당신의 여종 룻이오니 당신의 옷자락
을 펴 당신의 여종을 덮으소서 이는 당신
이 기업을 무를 자가 됨이니이다 하니

10 그가 이르되 내 딸아 여호와께서 네게
복 주시기를 원하노라 네가 가난하건 부하
건 젊은 자를 따르지 아니하였으니 네가
베푼 인애가 처음보다 나중이 더하도다

11 그리고 이제 내 딸아 두려워하지 말라
내가 네 말대로 네게 다 행하리라 네가 현
숙한 여자인 줄을 나의 성읍 백성이 다 아
느니라

12 참으로 나는 기업을 무를 자이나 기업
무를 자로서 나보다 더 가까운 사람이 있
으니

13 이 밤에 여기서 머무르라 아침에 그가
기업 무를 자의 책임을 네게 이행하려 하
면 좋으니 그가 그 기업 무를 자의 책임을
행할 것이니라 만일 그가 기업 무를 자의
책임을 네게 이행하기를 기뻐하지 아니
하면 여호와께서 살아 계심을 두고 맹세
하노니 내가 기업 무를 자의 책임을 네게
이행하리라 아침까지 누워 있을지니라
하는지라

14 룻이 새벽까지 그의 발치에 누웠다가
사람이 서로 알아보기 어려울 때에 일어
났으니 보아스가 말하기를 여인이 타작

마당에 들어온 것을 사람이 알지 못하여
야 할 것이라 하였음이라

15 보아스가 이르되 네 겉옷을 가져다가
그것을 펴서 잡으라 하매 그것을 펴서 잡으
니 보리를 여섯 번 되어 룻에게 지워 주고
성읍으로 들어가니라

16 룻이 시어머니에게 가니 그가 이르되
내 딸아 어떻게 되었느냐 하니 룻이 그 사
람이 자기에게 행한 것을 다 알리고

17 이르되 그가 내게 이 보리를 여섯 번
되어 주며 이르기를 빈 손으로 네 시어머
니에게 가지 말라 하더이다 하니라

18 이에 시어머니가 이르되 내 딸아 이 사
건이 어떻게 될지 알기까지 앉아 있으라 그
사람이 오늘 이 일을 성취하기 전에는 쉬지
아니하리라 하니라

룻이 보아스와 결혼하다

4 보아스가 성문으로 올라가서 거기
앉아 있더니 마침 보아스가 말하던
기업 무를 자가 지나가는지라 보아스가
그에게 이르되 아무개여 이리로 와서 앉
으라 하니 그가 와서 앉으매

2 보아스가 그 성읍 장로 열 명을 청하여
이르되 당신들은 여기 앉으라 하니 그들
이 앉으매

3 보아스가 그 기업 무를 자에게 이르되
모압 지방에서 돌아온 나오미가 우리 형
제 엘리멜렉의 소유지를 팔려 하므로

4 내가 여기 앉은 이들과 내 백성의 장
로들 앞에서 그것을 사라고 네게 말하여

15

16

17

18

룻이 보아스와 결혼하다

4

2

3

4

알게 하려 하였노라 만일 네가 무르려면
무르려니와 만일 네가 무르지 아니하려
거든 내게 고하여 알게 하라 네 다음은 나
요 그 외에는 무를 자가 없느니라 하니 그
가 이르되 내가 무르리라 하는지라

5 보아스가 이르되 네가 나오미의 손에
서 그 밭을 사는 날에 곧 죽은 자의 아내 모
압 여인 룻에게서 사서 그 죽은 자의 기업
을 그의 이름으로 세워야 할지니라 하니

6 그 기업 무를 자가 이르되 나는 내 기
업에 손해가 있을까 하여 나를 위하여 무
르지 못하노니 내가 무를 것을 네가 무르
라 나는 무르지 못하겠노라 하는지라

7 옛적 이스라엘 중에는 모든 것을 무르
거나 교환하는 일을 확정하기 위하여 사
람이 그의 신을 벗어 그의 이웃에게 주더
니 이것이 이스라엘 중에 증명하는 전례
가 된지라

8 이에 그 기업 무를 자가 보아스에게
이르되 네가 너를 위하여 사라 하고 그의
신을 벗는지라

9 보아스가 장로들과 모든 백성에게 이
르되 내가 엘리멜렉과 기룐과 말론에게
있던 모든 것을 나오미의 손에서 산 일에
너희가 오늘 증인이 되었고

10 또 말론의 아내 모압 여인 룻을 사서
나의 아내로 맞이하고 그 죽은 자의 기업
을 그의 이름으로 세워 그의 이름이 그의
형제 중과 그 곳 성문에서 끊어지지 아니
하게 함에 너희가 오늘 증인이 되었느니

5

6

7

8

9

10

라 하니
11 성문에 있는 모든 백성과 장로들이 이
르되 우리가 증인이 되나니 여호와께서
네 집에 들어가는 여인으로 이스라엘의
집을 세운 라헬과 레아 두 사람과 같게 하
시고 네가 에브랏에서 유력하고 베들레
헴에서 유명하게 하시기를 원하며
12 여호와께서 이 젊은 여자로 말미암아
네게 상속자를 주사 네 집이 다말이 유다
에게 낳아준 베레스의 집과 같게 하시기
를 원하노라 하니라
13 이에 보아스가 룻을 맞이하여 아내로
삼고 그에게 들어갔더니 여호와께서 그
에게 임신하게 하시므로 그가 아들을 낳
은지라
14 여인들이 나오미에게 이르되 찬송할
지로다 여호와께서 오늘 네게 기업 무를
자가 없게 하지 아니하셨도다 이 아이의
이름이 이스라엘 중에 유명하게 되기를
원하노라
15 이는 네 생명의 회복자이며 네 노년의
봉양자라 곧 너를 사랑하며 일곱 아들보
다 귀한 네 며느리가 낳은 자로다 하니라
16 나오미가 아기를 받아 품에 품고 그의
양육자가 되니
17 그의 이웃 여인들이 그에게 이름을 지
어 주되 나오미에게 아들이 태어났다 하
여 그의 이름을 오벳이라 하였는데 그는
다윗의 아버지인 이새의 아버지였더라
18 베레스의 계보는 이러하니라 베레스

11
12
13
14
15
16
17
18

는 헤스론을 낳고

19 **헤스론은 람을 낳았고 람은 암미나답**
을 낳았고

20 **암미나답은 나손을 낳았고 나손은 살**
몬을 낳았고

21 **살몬은 보아스를 낳았고 보아스는 오**
벳을 낳았고

22 **오벳은 이새를 낳고 이새는 다윗을 낳**
았더라

19

20

21

22

NOTE

NOTE

남기고 싶은 글

주기도문 새번역

하늘에 계신 우리 아버지,
아버지의 이름을 거룩하게 하시며
아버지의 나라가 오게 하시며,
아버지의 뜻이 하늘에서와 같이 땅에서도 이루어지게 하소서.
오늘 우리에게 일용할 양식을 주시고,
우리가 우리에게 잘못한 사람을 용서하여 준 것같이
우리 죄를 용서하여 주시고,
우리를 시험에 빠지지 않게 하시고, 악에서 구하소서.
나라와 권능과 영광이 영원히 아버지의 것입니다.
아멘.

새번역 사도신경

나는 전능하신 아버지 하나님, 천지의 창조주를 믿습니다.
나는 그의 유일하신 아들, 우리 주 예수 그리스도를 믿습니다.
그는 성령으로 잉태되어 동정녀 마리아에게서 나시고,
본디오 빌라도에게 고난을 받아 십자가에 못 박혀 죽으시고,
장사된 지 사흘 만에 죽은 자 가운데서 다시 살아나셨으며,
하늘에 오르시어 전능하신 아버지 하나님 우편에 앉아 계시다가,
거기로부터 살아 있는 자와 죽은 자를 심판하러 오십니다.
나는 성령을 믿으며, 거룩한 공교회와 성도의 교제와
죄를 용서받는 것과 몸의 부활과 영생을 믿습니다.
아멘.

십계명

제일은, 너는 나 외에는 다른 신들을 네게 두지 말라.

제이는, 너를 위하여 새긴 우상을 만들지 말고,
또 위로 하늘에 있는 것이나, 아래로 땅에 있는 것이나,
땅 아래 물 속에 있는 것의 어떤 형상도 만들지 말며,
그것들에게 절하지 말며, 그것들을 섬기지 말라.

제삼은, 너는 네 하나님 여호와의 이름을 망령되게 부르지 말라.

제사는, 안식일을 기억하여 거룩하게 지키라.

제오는, 네 부모를 공경하라.

제육은, 살인하지 말라.

제칠은, 간음하지 말라.

제팔은, 도둑질하지 말라.

제구는, 네 이웃에 대하여 거짓 증거하지 말라.

제십은, 네 이웃의 집을 탐내지 말라.

손글씨성경 [구약6_여호수아~룻기]

2022년 6월 1일 초판 1쇄 발행

펴 낸 이 김수곤
디 자 인 디자인이츠
발 행 처 MISSION TORCH
등 록 일 1999년 9월 21일 제 54호
등록주소 서울 송파구 백제고분로 27길 12(삼전동)
전　　화 (02)2203-2739
팩　　스 (02)2203-2738
이 메 일 ccm2you@gmail.com
홈페이지 www.ccm2u.com